Ute Horn

Ich will dir treu sein

Partnerschaft, die ein Leben lang hält

Über die Autorin

Ute Horn ist von Beruf Ärztin für Haut- und Geschlechtskrankheiten und seit mehr als 20 Jahren verheiratet. Sie hat zusammen mit ihrem Mann Thomas sieben Kinder und war zehn Jahre in einer überkonfessionellen Ehe- und Familienarbeit tätig, weshalb sie häufig als Referentin zu Ehe- und Kindererziehungsthemen eingeladen wird.

Ute Horn

Ich will dir treu sein

Partnerschaft, die ein Leben lang hält

GerthMedien

Dieses Buch widme ich meinen Eltern, in deren Ehe ich in Geborgenheit heranwachsen durfte, meinem Mann Thomas, der mir in vielen Krisen unserer Ehe treu zur Seite stand, und unseren Kindern Christine, Andreas, Daniel, Josua, Marcel, Pascal und Benjamin, die mein Leben so reich machen.

Die in diesem Buch zur Illustration meiner Ausführungen erwähnten Erlebnisse sind wirklich passiert. Ich habe jedoch zum Schutz der einzelnen Personen die Namen und Orte verändert.

Die diesem Buch zugrunde gelegten Bibeltexte wurden der revidierten Übersetzung von Martin Luther von 1984 entnommen.

1. Taschenbuchauflage 2005
Best.-Nr. 815 993
ISBN 3-89437-993-6
Covergestaltung: Hanni Plato
Titelfotos: Image Bank/Tony Stone
Satz: Die Feder GmbH, Wetzlar
Druck und Verarbeitung: Ebner & Spiegel, Ulm
Printed in Germany

Danke

Bedanken möchte ich mich bei den beiden Lektorinnen, Nicole Schol, die mich ermutigt hat, dieses Buch zu schreiben, und Ruth Harmsen, die in liebevoller Korrektur das Buch bearbeitet hat.
Einen großen Dank an meinen Mann, der mich beim Schreiben am Computer immer wieder neu unterstützte und mir bei den zahlreichen Überarbeitungen half.
Dankbar bin ich auch unseren Kindern Christine, Andreas, Daniel, Josua, Marcel, Pascal und Benjamin für ihr Mittragen, ihr Interesse, ihre Korrektur und ihre Opfer, die sie brachten, wenn ich wieder mal am Computer saß.
Und auch ohne meine Eltern, die mich in vielen Krisen meines Lebens in Geduld und Liebe begleitet haben, wäre dieses Buch nicht entstanden.
Mein besonderer Dank gilt allen Mitarbeitern von Team.F, einer überkonfessionellen Ehe- und Familienarbeit. Bei Team.F lernten wir die Grundlagen für unsere eigene Ehe und wurden in der Durchführung unserer Eheseminare immer wieder damit konfrontiert, selber das zu leben, was wir andere lehrten.
Allen meinen herzlichen Dank.

Inhalt

Vorwort der Autorin

„Ich bin verliebt, aber nicht in meinen Mann.“ Dieser Artikel von Ruth Heil in der Frauenzeitschrift LYDIA traf genau ins Schwarze. Denn seit Bestehen dieser Zeitschrift hat kein anderer Artikel so viele Leserbriefe an die Redaktion hervorgerufen. Dies zeigt, dass Ruth Heil offensichtlich kein Einzelproblem beschrieben, sondern die Not vieler Ehefrauen angesprochen hat, die sich bereits an der Schwelle zum Ehebruch befanden.

Treue scheint in unserer Gesellschaft nicht mehr *in* zu sein. Und der Begriff Treue hat regelrecht einen faden, altmodischen Beigeschmack bekommen. Außerdem steht er in direktem Gegensatz zum heutigen Zeitgeist, der uns einreden will: „Du kannst alles haben, worauf du Lust hast, und das zu jeder Zeit.“

Deshalb ist es auch so wichtig, der Treue ein Buch zu widmen, in dem ich deutlich machen möchte, dass Treue nicht etwa von einem Gefühl abhängig ist, sondern von der klaren Entscheidung: „Ich will treu sein.“ Haben auch Sie diese Entscheidung in Ihrer Partnerschaft getroffen?

Weiterhin werden wir gemeinsam in diesem Buch der Frage nachgehen: „Was kann ich dazu tun, dass es mir und meinem Partner leicht fällt, treu zu sein?“ Denn nicht zuletzt ist es die Treue, die Not wenden und durch so manche Krisen hindurchtragen kann.

In Gesprächen mit vielen jungen Paaren wurde mir der Stellenwert der Treue als Fundament für eine Freundschaft und schließlich auch eine Ehe sehr deutlich. Mein Wunsch ist es deshalb, mit diesem Buch vielen Menschen Hilfen für eine stabile Beziehung an die Hand zu geben. Es ist geschrieben für alle Menschen, die sich rechtzeitig davor schützen wollen, Ehebruch zu begehen und für diejenigen unter Ihnen, die bereits in eine andere Person als Ihren Partner verliebt sind.

Sie können viel für Ihre Ehe tun, um sich vor Entfremdung und Untreue zu schützen. Ich lade Sie deshalb dazu ein, ein gutes Fundament zu bauen, damit Ihre Ehe für Versuchungen weniger anfällig ist. Und auch wenn Sie noch nicht verheiratet sein sollten, so können Sie bereits jetzt schon viel Gewinn für Ihre gegenwärtige oder zukünftige Partnerschaft aus den in diesem Buch gesammelten Anregungen ziehen.

Ihre Ute Horn

Einleitung

Zehn Mädchen im Alter von 14 bis 16 Jahren sitzen mir gegenüber und lauschen meinen Ausführungen zu dem Thema: „Du bist einmalig – mach was draus.“ Als wir über die Ehe sprechen, meint Claudia: „Das geht doch gar nicht, ein Leben lang treu bleiben. Das muss doch langweilig sein, immer mit demselben Mann verheiratet zu sein.“ Daraufhin frage ich die Mädchen, ob ihnen ihre Eltern oder andere Paare in ihrer Umgebung ein gutes Vorbild für eine funktionierende Ehe vorleben würden. Die meisten von ihnen schütteln verneinend den Kopf. Nur ein Mädchen spricht begeistert von ihrer Großmutter, die schon seit 40 Jahren verheiratet ist.

Wie würden Sie diese Frage beantworten? Treu bleiben, ein Leben lang? Ist das realistisch oder nur ein alter Zopf, ein frommer Wunsch oder gar eine Utopie?

Viele Ehepartner geben zu, fremdzugehen. Und auch in unserem näheren Verwandten- und Freundeskreis rücken die Themen „Ehebruch und Scheidung“ erschreckend nah an uns heran. Als ich selbst noch zur Schule ging, gab es in unserer Gesellschaft nur wenige Scheidungen. Kaum ein Kind hatte Angst, dass sich seine Eltern trennen würden. Natürlich wurde in den Ehen auch gestritten, aber trotzdem ließ man sich nur selten scheiden. Heutzutage ist das anders. Viele Kinder leben nur noch mit einem Elternteil zusammen. Und deshalb ist die folgende Frage besonders für die junge Generation sehr wichtig:

? Ist es wirklich realistisch, sich in einer Beziehung lebenslange Treue zu versprechen?

Schließlich geht in unserer Gesellschaft die Entwicklung mittlerweile so weit, dass man das Trauversprechen folgendermaßen abwandeln kann: „Ich verspreche dir die Treue, *solange es gut geht*" und nicht wie bisher *„bis dass der Tod uns scheidet*."

Frau Brigitte Seebacher-Brandt sagte einmal in einem Interview in der Illustrierten *Bunte* zu diesem Thema: „Man muss doch nüchtern sehen, dass es heute keine lebenslangen Beschäftigungen mehr gibt, genauso wenig wie lebenslange Beziehungen."* Diese Äußerung fiel im Zusammenhang mit ihrer Beziehung zum Banken-Chef Hilmar Kopper, über die in den Schlagzeilen zu lesen war: „Das herzlose Liebespaar. Schon wieder bricht sie in eine Ehe ein." Doch auch Hilmar Kopper verteidigte damals sein Ausbrechen aus seiner Ehe wie folgt: „Ich will nicht, dass jemand an mir hängt. Ich will allein leben, einfach die Tür hinter mir zumachen können, niemandem Rechenschaft ablegen und machen, was ich will."

Wahrscheinlich denken viele Menschen in unserem Land wie diese beiden, denn jede dritte Ehe wird geschieden und um viele andere Ehen steht es ebenfalls nicht immer gut.

Wer aber hilft in solchen Zeiten jungen Menschen, den Mut zu finden, an eine stabile Partnerschaft zu glauben? Wer bereitet sie auf Krisen vor, die in jeder Ehe unweigerlich auftauchen? Und wer lehrt sie, mit Versuchungen umzugehen?

Leider zielt in unserer Gesellschaft alles darauf hin, dass man immer nur Spaß hat und das bitte sofort. Schwierigkeiten und Probleme sind dabei nicht eingeplant. Erlebt man dann doch einmal eine Krise, erscheint oft die Flucht als der einzige Ausweg.

Mein Wunsch ist es deshalb, dass Menschen anhand dieses Buches lernen können, die Ehe als einen lebenslangen Pro-

---

* Bunte Nr. 29 vom 15. 7. 99

zess zu sehen. Haben Sie keine Angst davor, denn es lohnt sich, sich auf diesen Prozess einzulassen. Nicht zuletzt liegt in der ständigen Auseinandersetzung mit dem Partner eine große Chance zur eigenen Weiterentwicklung und zur gegenseitigen Bereicherung. Und nicht umsonst wird in der Bibel die Ehe als ein Geheimnis bezeichnet.

Entdecken Sie den Schatz, der in Ihrer Ehe verborgen ist!

Des Weiteren wünsche ich mir, dass Sie mit diesem Buch so richtig arbeiten. Beschäftigen Sie sich bitte dabei besonders mit den mit Fragezeichen gekennzeichneten Fragen. Vielleicht ist es gut, das Buch nach dem Lesen einer dieser Fragen für kurze Zeit zur Seite zu legen und dann zu überlegen, wie Sie die Frage beantworten würden. Es kann außerdem hilfreich sein, die eigenen Gedanken auf einem Blatt Papier oder in einem besonderen Notizbuch aufzuschreiben und sie gegebenenfalls mit einer anderen Person auszutauschen.

Nun möchte ich Ihnen einen kurzen Überblick über den Inhalt der einzelnen Kapitel dieses Buches geben.

Im ersten Kapitel „Krisen überwinden lernen“ werde ich 20 verschiedene Krisen, die ich in vielen Ehen beobachte und zum Teil auch aus eigener Erfahrung kenne, exemplarisch vorstellen und einen Ausweg aus ihnen aufzeichnen. Da nur wenige Menschen offen über die wunden Punkte innerhalb ihrer Beziehung sprechen, fühlen sich Ehepartner in einer Krise oft, als wären sie die einzigen Menschen auf dieser Welt, die solche Schwierigkeiten haben. Ich glaube jedoch, dass man viele Krisen besser meistern kann, wenn man ihre Ursache kennt. Noch vor nicht allzu langer Zeit konnte man sich in den Großfamilien so einiges abgucken oder auch erfragen. Heutzutage hat man aber kaum noch die Möglichkeit, am Vorbild anderer zu lernen. Ich wünsche mir deshalb, dass viele ältere Ehepaare ihre Erfahrung nicht für sich behalten, sondern jungen Eheleuten dabei helfen, dass ihre Ehen stabil werden.

Das nächste Kapitel heißt „Liebe, die ankommt“. Ich denke, dass die Basis einer stabilen Partnerschaft Liebe ist, die den anderen erreicht. Oft empfinden Ehepartner eine Diskrepanz zwischen den gesagten Worten „Ich liebe dich“, und dem, was sie im Alltag spüren. Deshalb ist es wichtig, der Frage nachzugehen, warum sich Ehepartner oft unverstanden und nicht geliebt fühlen, obwohl sich beide Mühe geben. Haben Sie auch oft das Gefühl, dass Sie für Ihren Freund oder Ehepartner alles tun und er sich trotzdem nicht geliebt fühlt? Das ist gut möglich und Ihr Gefühl täuscht Sie vermutlich nicht. Es gibt aber einen Schlüssel zum Herzen Ihres Partners und den möchte ich Ihnen gerne in diesem Kapitel überreichen. Entdecken Sie deshalb die unterschiedlichen Liebessprachen und probieren Sie es aus, die Herzenssprache Ihres Partners zu finden und zu sprechen.

Und auch im dritten Kapitel dieses Buches „Das Dreieck der Liebe“, geht es um wichtige Grundlagen für Ihre Partnerschaft. Ist Ihr Partner Ihr bester Freund? Können Sie miteinander alles besprechen und sind Sie immer noch in ihn verliebt? Ich wünsche Ihnen, dass Sie die glimmende Flamme Ihrer Liebe zueinander immer wieder neu entfachen können. Besteht außerdem in Ihrer Freundschaft ein Gleichgewicht von Geben und Nehmen? Begegnen Sie sich gegenseitig mit selbstloser Liebe? Und welchen Stellenwert hat die Sexualität in Ihrer Ehe? Viele Fragen, die in diesem Kapitel eine Antwort finden.

Wenn Sie sich selbst nicht mit all den Schwierigkeiten und Problemen der eben genannten Kapitel identifizieren können, Sie aber dennoch das Gefühl haben, dass in Ihrer Beziehung Harmonie, Liebe und Treue fehlen, dann rate ich Ihnen, das Kapitel „Frei werden von den Fesseln der Vergangenheit“ aufmerksam zu studieren. Hier versuche ich, Ihnen Hilfen zu geben, wie Sie Ihre Vorgeschichte bis zu Ihrer Ehe gezielt analysieren können. Wo liegen mögliche Wurzeln für Untreue und Ehebruch, obwohl bei Ihrer Hochzeit alles so einfach schien? Wie verlief Ihre Kindheit? Wie sind Sie durch Ihre Eltern und Ihre Umgebung geprägt worden?

Oft verinnerlichen wir, was wir als Kind erlebt haben und

halten dies für normal. Wenn Sie Eltern hatten, die Ehebruch begangen haben, ist für Sie Untreue etwas gar nicht allzu Fremdes, vielleicht sogar etwas Normales, während Ehebruch für Kinder aus Elternhäusern, in denen Treue einen sehr hohen Wert hatte, etwas geradezu Unvorstellbares sein kann. Doch wir sind unserer Prägung keinesfalls willenlos ausgeliefert. Unsere Verantwortung besteht vielmehr darin, eine Entscheidung zu treffen, ob wir diese Prägung annehmen und leben wollen oder ob wir sie ablegen.

Man kann nicht alles, was schief läuft, dem Elternhaus oder den Umständen zuschreiben, denn man selbst ist immer noch für seine Reaktion auf sein Umfeld verantwortlich. Ein anderer Aspekt des Kapitels „Frei werden von den Fesseln der Vergangenheit" ist der Umgang mit Freundschaften in der eigenen Teenagerzeit und den anschließenden Jahren. Wie haben Sie Freundschaften begonnen und beendet? Wie sind Sie mit Ihren Freunden umgegangen? Welche Verletzungen haben Sie erlitten, welche vielleicht auch verursacht? Alle diese Erfahrungen werden unweigerlich einen Einfluss auf Ihre spätere Ehe haben. Deshalb ist es auch so wichtig, sich bereits in jungen Jahren damit auseinander zu setzen, wie man eine Beziehung führen möchte.

Ich glaube, dass jeder Mensch sehr viel dazu beitragen kann, ob seine momentane oder zukünftige Partnerschaft Freude oder Last ist. In diesem Buch finden Sie deshalb hierzu viele Wegweiser. Suchen Sie sich die Wegweiser heraus, die Sie persönlich brauchen, um Ihre Partnerschaft zu festigen.

Krisen überwinden lernen

Als Erstes wollen wir uns mit den Krisen auseinander setzen, die jede Ehe betreffen können.

? Wie würden Sie Krise definieren und was löst dieser Begriff bei Ihnen aus?

In Meyers großem Taschenlexikon steht unter Krise: „griech. Krisis ‚Entscheidung', allgemein eine schwierige, gefährliche Situation, Wendepunkt einer Entwicklung, Entscheidungssituation."

Eine Krise ist also eine Chance, eine Herausforderung an die Ehepartner, den Problemen ins Auge zu sehen, sie zu meistern und nicht nur schweigend alles auszuhalten, geschweige denn, vor ihnen wegzulaufen. Wenn Sie bewusst zu Krisen Ja sagen, können Sie besser mit ihnen umgehen und Sie sind weniger gefährdet, aus Ihrer Ehe auszubrechen.

„Das geht doch gar nicht, ein Leben lang treu bleiben", hatte Claudia gesagt. Dieser Satz ließ mich eine lange Zeit nicht mehr los. In den darauf folgenden Tagen habe ich mir deshalb diesbezüglich viele Gedanken gemacht und bin schließlich zu dem Schluss gekommen, dass Claudia Recht hatte. Ein Leben lang treu bleiben ist regelrecht unmöglich, besonders wenn man nicht nur den vollzogenen Ehebruch als Treuebruch rechnet, sondern auch den Treuebruch, der *nur* in unseren Gedanken und Gefühlen stattfindet.

? Warum ist es so schwer, die Treue zu halten?

In jeder Beziehung gibt es immer wieder Krisen, in denen man weglaufen möchte. Dann erscheinen Flucht und Neuanfang meist als die beste Lösung. Und doch liegt in jeder Krise auch die Chance zu einer Wendung zum Guten. Lassen Sie sich deshalb motivieren, Ihre Krisen frohen Mutes anzupacken.

Zudem kann man im Leben auch alles von zwei Seiten betrachten. Neulich besuchte ich meinen fast 80-jährigen Patenonkel. Ich war sehr überrascht, dass er inmitten all der vielen Krankheiten und auch altersbedingten Schwierigkeiten seinen Humor nicht verloren hatte. Er meinte zum Beispiel: „Ich habe ja nun keine eigenen Zähne mehr im Mund und somit auch keine Zahnschmerzen mehr und wenn ich mich nicht mehr über die lauten Straßengeräusche ärgern will, dann drehe ich einfach mein Hörgerät ab. Vieles hat eben auch Vorteile."

Und in einem Schwangerschaftskurs ermutigte uns die Leiterin: „Sagen Sie Ja zu den Wehen, denn jede Wehe bringt Ihr Kind der Geburt näher." Vier Kinder hatte ich zu dieser Zeit bereits geboren und jedes Mal gegen die Wehen angekämpft. Ich hatte Angst vor den Schmerzen und habe die Wehen günstigstenfalls ertragen. Und da kam nun dieser unglaubliche Rat: „Sag danke für jede Wehe." Aufgrund dieser neuen Einstellung verlief dann auch die Geburt meines fünften Kindes vollkommen anders. Zum ersten Mal konnte ich mich auf die Geburt freuen und hatte keine Angst davor. Ich bekämpfte die Wehen nicht mehr, sondern dankte für jede Wehe, auch für die sehr schmerzhaften und arbeitete so mit meinem Kind zusammen daran, dass es das Licht der Welt erblickte. Welch eine Erfahrung!

Sagen Sie Ja zu den Krisen und erleben Sie dadurch die Chance zur Veränderung.

! Das Überwinden einer Krise bewirkt oft einen neuen Tiefgang in der Beziehung und eine Gewissheit, dass auch andere Schwierigkeiten gemeinsam getragen werden können.

Nachfolgend schildere ich Ihnen nun zwanzig häufig zu beobachtende Situationen, die innerhalb einer Beziehung zu einer Krise führen können. Es sind hier sicher nicht alle Arten von Schwierigkeiten, die in einer Ehe auftauchen können, aufgeführt, aber sie gewähren einen guten Einblick in mögliche Ursachen.

1. Zu wenig Raum

Zunächst wollen wir überlegen, was passiert, wenn Menschen auf sehr engem Raum zusammenleben müssen.

Dorothea und Jürgen hatten mit Mitte zwanzig noch während ihres Medizinstudiums geheiratet. Als Jürgen im Anschluss an das Studium zur Bundeswehr musste, nahm Dorothea eine Stelle als Assistenzärztin an und mietete ein Zimmer in einem Schwesternwohnheim. Acht Wochen später zog auch ihr Mann zu ihr, da er in der Nähe eine Stelle als Stabsarzt gefunden hatte. Von da an lebten sie gemeinsam auf knapp 16 m² und hatten zudem auch noch unterschiedliche Arbeitszeiten.

Dorothea äußerte einmal Folgendes zu dieser Situation: „Ich habe mir nicht vorstellen können, dass wir uns so streiten würden. Wo war unsere Liebe und Toleranz geblieben? Als Studenten hatten wir schließlich schon fünf Jahre lang Zimmer an Zimmer gewohnt. Und jetzt gingen wir uns nur noch auf die Nerven. Schnell war uns klar, dass wir einfach zu wenig Raum für uns selbst hatten. Deshalb suchten wir intensiv nach einer Wohnung. Dieses gemeinsame Ziel half uns dann, wieder zueinander zu finden. Außerdem machte uns das Suchen und Einrichten der Wohnung Freude und als wir endlich nicht mehr das Bett wegräumen mussten, um essen zu können, hatten wir auch wieder mehr Geduld mit dem Anderen."

? Haben Sie genügend Raum für sich selbst?

Falls Sie auf diese Frage mit Nein antworten, möchte ich Ihnen zunächst den Tipp geben, gründlichst zu entrümpeln. Überlegen Sie, was Sie wirklich noch brauchen. Den Rest könnten Sie verschenken, auf dem Trödelmarkt verkaufen oder zum Sperrmüll geben. Wichtig ist, mit dem Partner über diese Maßnahme zu reden und nicht heimlich Gegenstände wegzuwerfen. Auch in den Kleiderschränken hängen oft viele Sachen, die zu klein, zu eng oder zu weit sind. Trennen Sie sich von alter Kleidung und geben Sie sie an Hilfsorganisationen. In vielen von uns lebt leider der Satz: „Das kann man bestimmt irgendwann noch einmal brauchen." Und so haben wir schnell ein ganzes Warenlager im Keller.

Als nächste Maßnahme sollten Sie genügend Schränke oder Regalsysteme anschaffen. Nicht umsonst sagt der Volksmund: „Ordnung ist das halbe Leben." Und dann überlegen Sie sich, wer welche Fächer bekommt und wer für welchen Bereich Verantwortung übernimmt. Für lose Prospekte eignen sich zum Beispiel auch Pappkartons oder Ordner. Es ist erstaunlich, wie viel Platz entsteht, wenn man einmal aufräumt.

Sollte nach all diesen Maßnahmen immer noch zu wenig Raum sein, könnte man bei Freunden oder Eltern einige Möbel abstellen oder auf unbestimmte Zeit verleihen. Außerdem gibt es professionelle Hilfe bei Platzproblemen. Man könnte einen Raumgestalter aus einem Möbelhaus kommen lassen und fragen, ob er Tipps für Veränderungen hätte. Vielleicht haben Sie sogar Freunde, die Innenarchitekten sind. Oder Sie fragen einfach den nächsten Besuch, ob er ein paar Ratschläge für Sie hat.

? Haben Sie zu wenig Platz für Ihre Hobbys?

Vielleicht bietet Ihre Wohnung keine Möglichkeit, Ihre Liebe zur Natur zu entfalten. Mieten Sie sich doch einen Schrebergarten.

Ist Ihr Hobby Basteln oder Nähen? Volkshochschulen und Familienbildungsstätten haben viele Angebote, zum Teil sogar mit Kinderbetreuung.

Auch ein Umzug in eine größere Wohnung oder ein Haus könnte ein Weg sein, dem Raumproblem zu begegnen. Überlegen Sie sich jedoch vorher, wie viel Platz Sie wirklich brauchen. Denn zu viel Platz kann eine ganze Menge an Arbeit verursachen, die einen dann nur wieder unnötig von seinen Wünschen abhält.

Sprechen Sie mit Ihrem Partner über Ihre Überlegungen, um dann gemeinsam zu den entsprechenden Lösungen zu gelangen.

2. Das Nähe-Distanz-Problem

Neben dem vordergründigen Raumproblem muss zudem ganz allgemein die Frage nach Nähe und Distanz beantwortet werden.

Daniel und Carola sind mittlerweile sieben Jahre miteinander verheiratet und trotzdem sieht man sie immer noch ständig Händchen haltend und schmusend durch die Stadt gehen. Wenn man die beiden zu sich einlädt, sitzen sie stets ganz eng nebeneinander und wenn wir einen Film miteinander ansehen, liegen sie sich dabei in den Armen.

Wie anders ist es da bei Stefanie und Johannes. Sie brauchen Raum zum Atmen, setzen sich gerne in einem halben Meter Abstand zum anderen und empfinden das pausenlose gegenseitige Kraulen in den Haaren als Gefummel.

Manche Ehepaare benötigen nur ein Bett von 1,20 m mal 2 m und eine gemeinsame Bettdecke, andere Paare wiederum können nicht schlafen, wenn das Bett nicht wenigstens 4 m^2 groß ist und jeder seine eigene Decke hat.

? Welche Bedürfnisse haben Sie? Sprechen Sie mit Ihrem Partner über Ihre Bedürfnisse.

Ein Nähe–Distanz–Problem entsteht nur, wenn ein Partner die Nähe sucht und der andere die Distanz; besonders weil sich der Nähe liebende Partner oft durch die Distanz des anderen abgelehnt, nicht geliebt und nicht begehrenswert fühlt, ohne dass der Ehepartner das so ausdrücken will und meint. Umgekehrt fühlen Sie sich vielleicht genervt, wenn Sie die Nähe des Partners nur über sich ergehen lassen. Sprechen Sie also über Ihre Wünsche und die Gefühle, die das Verhalten Ihres Partners bei Ihnen auslöst.

Überlegen Sie, ob Sie sich schon immer so verhalten haben oder ob es mögliche Auslöser für Ihre Reaktion gibt. Auch scheinbar so banale Dinge wie Körper- oder Mundgeruch könnten eine Erklärung sein. Vielleicht suchen Sie die Distanz, weil Sie verletzt wurden. Was war die Ursache? Gibt es Wurzeln von Bitterkeit und Unvergebenheit in Ihrem Leben? Wollen Sie vielleicht unbewusst oder sogar bewusst Rache üben, indem Sie auf Abstand gehen? Sprechen Sie mit Ihrem Partner darüber und versuchen Sie ihm zu vergeben.

Beide Partner sollten versuchen sich gegenseitig anzunehmen und sich ernst zu nehmen. Stellen Sie sich bewusst auf Nähe oder Distanz ein und helfen Sie sich gegenseitig.

3. Das erste Ehejahr

Das erste Ehejahr hat es wirklich in sich. Eigentlich sollte in dieser Zeit ja der Himmel voller Geigen hängen, doch unterschätzen Sie bitte die gewaltige Umstellung nicht, die der Anfang einer Ehe mit sich bringt.

Anita erzählt: „Ich bin sofort nach unserer Heirat schwanger geworden. Neben meiner Arbeit war mir zunächst pausenlos übel und dann bekam ich recht früh Blutungen und musste mich schonen. Bis zur Entbindung war ich ständig müde und anschließend begann die Stillzeit. Mein Mann hatte dadurch kaum Gelegenheit, mich so kennen zu lernen, wie ich bin. Ich glaube, es wäre für unsere Ehe viel besser gewesen, wenn wir nicht sofort Eltern geworden wären. Wir fühlten uns mit der Aufgabe überfordert, gleichzeitig Ehepartner zu sein und Eltern zu werden. Außerdem waren wir auch noch beide berufstätig. Es ist so wichtig, sich besonders im ersten Ehejahr Zeit füreinander zu nehmen. Bis heute haben wir den Eindruck, etwas Entscheidendes verpasst zu haben."

Im ersten Ehejahr werden oft wichtige Weichen für die ganze Ehe gestellt. Man muss sich in diesen zwölf Monaten darüber klar werden, wie die Finanzen und die Freizeit eingeteilt werden, wer welche Arbeit im Haus übernimmt, wie oft man sich mit Eltern und Schwiegereltern treffen will und noch vieles mehr. Immer wieder entstehen dadurch kleine und größere Konflikte, die bewältigt werden müssen.

Dazu kommen außerdem Ihre Hobbys und Verpflichtungen, welche Ihrer Ehe womöglich schaden können, wenn sie sehr zeitaufwendig und kostenintensiv sind und Ihr Gegenüber dafür kein Interesse aufbringt. Überlegen Sie aber doch einmal, ob es nicht vielleicht gemeinsame Hobbys gibt oder ob Sie sich nicht gemeinsam welche suchen wollen? Vieles muss man jedoch erst einmal eine Weile lang ausprobieren und für alles braucht man Zeit. Legen Sie deshalb während dieses einen Jahres möglichst alle Verpflichtungen nieder und konzentrieren Sie sich nur auf Ihre neue Aufgabe, Ehefrau und Ehemann zu werden.

? Wie sah Ihr erstes Ehejahr aus?

Markus und Gina hörten von diesem „pflichtfreien Ehejahr" und beschlossen, ihre verschiedenen ehrenamtlichen Tätigkeiten in dieser Zeit niederzulegen. Er war Leiter bei den Pfadfindern und sie engagierte sich bei einer Hausaufgabenhilfe für Ausländerkinder. Beide ließen sich also nach ihrer Hochzeit von diesen Verpflichtungen für ein Jahr beurlauben. Außerdem versuchten sie ihre übrige Freizeit meist gemeinsam zu gestalten, probierten neue Hobbys aus, lernten den Lieblingssport des Anderen besser kennen und waren bereit, den Anderen in seiner Andersartigkeit zu akzeptieren. Mittlerweile sind sie sieben Jahre miteinander verheiratet und haben zwei Kinder. Wenn man beide fragt, woher ihre große Harmonie kommt, erzählen sie begeistert von ihrem ersten Ehejahr.

Im Alten Testament lesen wir in 5. Mose 24,5, dass junge Soldaten für ein Jahr vom Dienst im Heer befreit wurden, wenn sie frisch verheiratet waren, um das Leben mit ihrer jungen Frau zu genießen. Wie viel Weisheit liegt doch in diesem Rat. Immer wieder haben wir jungvermählte Paare gebeten, sich besonders im ersten Ehejahr Zeit zu nehmen, um sich gegenseitig besser kennen zu lernen. Denn es ist etwas komplett anderes sich als Freunde oder Ehepartner zu begegnen. Außerdem können Sie jetzt die entscheidenden Weichen für Ihre Ehe stellen, indem Sie sich in Ihrer Freizeit viel Zeit zum gemeinsamen Gespräch, für das Entdecken eines neuen Hobbys, das gemeinsame Lesen von Ehe-Büchern oder den Besuch eines Ehe-Seminares nehmen. Dieses erste Jahr kann auf diese Weise zu einem ganz besonderen Schatz werden und zu einem guten Fundament.

Vielleicht sagen Sie, das ist ja utopisch. Wie soll ich für ein Jahr meine Jugendgruppe im Stich lassen, für ein Jahr einen neuen Trainer für die Badminton-Mannschaft suchen, für ein

Jahr aus der Politik aussteigen? Nein, der Preis ist mir zu hoch. Dann hilft Ihnen bestimmt der folgende Satz:

! Sie müssen jetzt lernen Zeit zu verlieren, um später Zeit zu gewinnen.

Die Zeit, die Sie jetzt in Ihre Ehe stecken, sparen Sie später schnell wieder ein, weil Sie dann nicht mehr viel Zeit brauchen, um einen Streit beizulegen. Sie haben bereits ein gutes Fundament gelegt, wodurch Sie spätere Krisen besser meistern können. Bitte nehmen Sie diesen Rat ernst.

Manch einer von Ihnen mag jetzt sehr traurig sein und sagen: „Dieser Rat kommt 10, 20 oder gar 30 Jahre zu spät. Uns fehlte dieses kinder- und pflichtfreie Ehejahr." Dann möchte ich Sie damit trösten, dass man das Rad der Geschichte zwar nicht zurückdrehen kann, aber dass Sie in Zukunft versuchen können, mehr Zeit in Ihre Ehe zu investieren. Denn für alle Ehepaare gilt gleichermaßen, dass sie für ihre Ehe Zeit reservieren müssen, damit die Liebe in der Ehe wächst und nicht abnimmt.

Bitte seien Sie nicht mutlos. Versuchen Sie vielmehr das erste Ehejahr nachzuholen. Stellen Sie ein Jahr lang Ihre Frau oder Ihren Mann vor den Beruf, das Hobby, die Schwiegereltern, Freunde, Kinder oder Enkelkinder und verbringen Sie so viel Zeit wie möglich gemeinsam. Entdecken Sie sich neu. Ihre Ehe wird wieder neu Feuer fangen.

4. Zu wenig gemeinsame Zeit

Ein Hauptproblem in den meisten Ehen ist: zu wenig gemeinsam verbrachte Zeit. Viele Frauen geben als Scheidungsgrund Nr. 1 an: „Mein Mann redet nicht mit mir. Er sitzt stattdessen laufend nur vor dem Fernseher und unternimmt nichts mit mir.“

? Trifft das auch auf Ihre Ehe zu?

Kai und Lisa arbeiten beide an der gleichen Klinik, sie als Krankenschwester und er als Krankenpfleger, wodurch sie meist unterschiedliche Arbeitszeiten haben, die auch noch für jeden mindestens drei Nachtdienste pro Monat beinhalten. Aufgrund ihrer Arbeit sind sie nach dem Dienst oft völlig erschöpft. Wenn Lisa deshalb zu nichts mehr Lust und Kraft hat, hört sie manchmal den Satz: „In der Klinik bist du die strahlende Schwester und ich muss mich dann mit den Resten begnügen.“ Kai ist dann so richtig sauer und er hat dabei nicht ganz Unrecht.

Lisa ist mit „Haut und Haaren“ Krankenschwester. Sie liebt ihren Beruf sehr und wenn sie sich so ganz bei der Arbeit verausgabt, bleibt für ihn nichts mehr übrig. Sie will dann nur noch schlafen oder einfach entspannen. Außerdem beschäftigt sie sich häufig auch noch nach Dienstschluss mit den Schicksalen der Patienten und kann nicht so richtig abschalten, was ihn wieder nervt. Schließlich möchte er gerne etwas mit ihr unternehmen und mehr mit ihr reden.

! Jedes Ehepaar sollte sich wenigstens einen Abend in der Woche reservieren, an dem es Zeit zu zweit verbringt.

Wir nennen diesen Abend in unserer Familie „Ehe-Abend“. Er soll dazu dienen, dass unsere Verliebtheit nicht aufhört oder wieder neu angefacht wird. Was aber machen wir nun an einem Ehe-Abend?

- *Miteinander reden:* Wir nehmen uns Zeit, miteinander zu reden. Wir tauschen aus, was uns gerade beschäftigt und welche Entwicklungsprozesse wir im Moment durchlaufen. Manchmal werden auch anstehende Probleme besprochen. Mein Mann Thomas hat sich mittlerweile angewöhnt, während der Woche in Stichpunkten aufzuschreiben, was ihn gerade bewegt, da es ihm oft so gegangen ist, dass wir im Alltag keine Zeit fanden, über ein Problem zu sprechen und es ihm am Ehe-Abend dann nicht mehr einfiel.
- *Miteinander etwas unternehmen:* Manchmal schlägt einer von uns vor, ins Kino oder Theater zu gehen. Ein anderes Mal gehen wir essen, manchmal auch nur ein Eis. Viel Spaß kann auch dabei aufkommen, wenn man alte Hobbys ausgräbt oder neue ausprobiert. Wir haben es beispielsweise oft genossen, zusammen in der Dunkelkammer Filme zu entwickeln und Fotos abzuziehen. Aber auch eine Fahrradtour, gemeinsame Spiele oder der Besuch eines Schwimmbades kann eine willkommene Abwechslung zum Alltag sein. Manchmal funktionieren wir auch unser Wohnzimmer zu einem Heimkino um. Wenn uns gute Filme empfohlen werden, schreiben wir sie in eine Liste und wenn dann ein Ehe-Abend vor der Tür steht, schauen wir nach und entscheiden uns für einen dieser Filme, den wir dann aus der Videothek ausleihen. Anschließend ergeben sich manchmal noch sehr gute Gespräche.
- *Miteinander Nähe austauschen:* Wir genießen Abende bei Kerzenschein und Musik, an denen wir im Arm des Anderen liegen und träumen.

Ganz wichtig bei alledem ist jedoch die Planung des Ehe-Abends, denn es gibt immer erst einige Fragen zu klären, damit der Abend auch ein Erfolg wird. Überlegen Sie also zunächst gemeinsam, worauf Sie Lust haben. Wollen Sie lieber ausgehen oder zu Hause bleiben? Was genau wollen Sie unternehmen und wer könnte auf die Kinder aufpassen? Planen Sie den Ehe-Abend also einen bis mehrere Tage im Voraus.

Neulich erzählte mir der neunjährige Stefan: „Meine Eltern haben heute wieder Bestimmertag."

„Was ist denn das?", versuchte ich herauszufinden.

„Am Bestimmertag darf immer einer von beiden entscheiden, was gemacht wird. Heute muss der arme Vati den ganzen Tag mit Mutti einkaufen gehen. Und dafür war Mutti beim letzten Mal mit Vati in zwei Museen. Regelmäßig an einem Samstag im Monat ist so ein Bestimmertag und dann werden wir Kinder verteilt. Deshalb bin ich heute bei euch."

Die Idee des Bestimmens gefiel uns und wir probierten sie an den nächsten Ehe-Abenden gleich aus. Oft ist es nämlich schwierig, sich schnell auf eine gemeinsame Unternehmung zu einigen. So kann es bei uns etwa passieren, dass wir in der einen Woche in meine Lieblingspizzeria gehen, weil ich es mir wünschen durfte. Dafür sucht sich mein Mann in der nächsten Woche den Besuch eines Schwimmbades aus.

? Wie oft genießen Sie einen Ehe-Abend?

Sie sollten sich nun nicht sklavisch an den Rhythmus, einmal in der Woche ist Ehe-Abend, halten. Vielmehr sollten Sie für Ihre Beziehung individuell herausfinden, wie viel gemeinsame Zeit Ihre Ehe braucht. In einer Phase Ihres gemeinsamen Lebens kann mehr gemeinsame Zeit vonnöten sein, in einer anderen wiederum kann man sie auch ein wenig reduzieren.

Generell rate ich besonders Ehepaaren mit Kindern, sich schon frühzeitig mit dem Gedanken vertraut zu machen, dass

Kinder auch einmal ohne die eigenen Eltern auskommen können. Oft höre ich: „Wir finden keinen Babysitter", oder „Wir können uns keinen Babysitter leisten." Wenn man aber genauer hinhört, wollen diese Ehepaare ihre Kinder oft nicht in fremde Hände geben. Für Kinder ist es aber eine gute und wichtige Erfahrung, auch einmal mit anderen Menschen alleine zu sein. Es gibt bestimmt auch in Ihrer Gegend Nachbarn, Freunde oder junge Menschen, die gerne auf Ihren Nachwuchs aufpassen. Der gemeinsam verbrachte Abend hat eine ganz andere Qualität, wenn Sie mit Ihrem Partner wirklich ungestört sind. Außerdem weckt auch eine andere Umgebung eher schöne Gefühle, als wenn man immer nur zu Hause hockt.

Zu diesem Thema möchte ich Ihnen hier noch kurz eine Begebenheit aus unserer Familie erzählen: Unsere kleineren Kinder weinten einmal, weil wir abends alleine ausgehen wollten, worauf unsere damals 12-jährige Tochter meinte: „Lasst Mama und Papa ruhig gehen. Schließlich geht es uns hinterher immer gut." Sie hatte also gespürt, dass sie als Kinder davon profitierten, wenn die Eltern Zeit füreinander hatten.

Als einen besonderen Höhepunkt im Jahr haben sich für uns außerdem so genannte Ehe-Wochenenden entwickelt. Dann ziehen wir von Freitag bis Sonntag in das Wochenendhaus von Freunden mitten auf dem Land, genießen das Ausschlafen, gute Gespräche, lange Spaziergänge und leckeres Essen. Oder wir nehmen uns ein Zimmer in einer Pension und machen eine Besichtigungstour. Wir suchen uns eine Gegend in Deutschland aus, die wir noch nicht so gut kennen und fahren von Ort zu Ort.

? Was würde Ihnen Spaß machen, wenn Sie ein Wochenende nur mit Ihrem Partner verbringen könnten?

5. Die Arbeit

Selten findet man schon als Einzelner eine ideale Arbeit mit optimalen Bedingungen und guten Arbeitszeiten, geschweige denn als Ehepaar. Deshalb muss man sich als Paar wohl oder übel arrangieren, was jedoch zu Spannungen führen kann.

Zudem hat die gesellschaftliche Entwicklung und die Arbeitsplatzsituation mit ihren raschen Veränderungen die traditionelle Familie erheblich erschüttert und zu vielen neuen Formen von Berufs- und Haushaltsführung in der Ehe geführt. Hierfür nun folgendes Beispiel:

Mario und Svenja befinden sich beide in Managerpositionen und engagieren sich voll in ihren Berufen. Als sie dann irgendwann Eltern wurden, bemühten sie sich gleich um ein Au-pair-Mädchen, damit ihre Kinder tagsüber betreut waren. Außerdem musste hin und wieder einmal die eine oder andere Oma einspringen und auch Freunde wurden zur Not als Babysitter engagiert, denn keiner von beiden wollte im Beruf zurückstecken. Leider hatten sie nicht viel von ihrer Ehe und Familie, da sie ständig überfordert und müde waren. Schließlich mussten sie abwechselnd einkaufen und den Haushalt führen oder sich um die Kinder kümmern. Sie konnten sich zwar aufeinander verlassen, aber die Freude an ihrer gemeinsamen Zeit fehlte vollkommen und Freundschaften konnten überhaupt nicht mehr gepflegt werden. So wurden sie immer einsamer.

Eines Tages fing in Marios Betrieb eine sehr attraktive und lebenslustige Arbeitskollegin an. Sie lachten viel miteinander und Mario fühlte zum ersten Mal wieder, dass er lebte und nicht nur funktionierte. Auf einem Betriebsfest tanzten sie miteinander und schon war es um die beiden geschehen. Doch nach der gemeinsamen Nacht bekam Mario Gewissensbisse. Was hatte er getan? Das hatte er doch gar nicht gewollt. Er gestand Svenja seinen Seitensprung und bat sie, ihm zu vergeben. Doch Svenja war so verletzt, dass sie sich wie in ein Schneckenhaus zurückzog und immer noch nicht bereit ist, mit Mario zu reden.

Es kann eine enorme Belastung für eine Ehe und Familie sein, wenn beide Ehepartner voll berufstätig sind. Nicht selten führt diese Doppelbelastung zu erheblichen Konflikten, denn man hat einfach zu wenig gemeinsame Zeit und Kraft.

? Fühlen Sie sich durch die Arbeit überfordert?

Analysieren Sie einmal Ihre Arbeit. Haben Sie am Abend noch genug Kraft und Zeit für die Familie? Kommt es oft zum Streit, weil beide arbeiten? Wäre es nicht vielleicht besser, wenn nur einer arbeiten würde? Käme dann mehr Ruhe in den Alltag? Was halten Sie davon, wenn beide die Arbeitszeit verkürzen? Sie sagen, dass es dann mit dem Geld nicht mehr stimmt.

Wie wäre es, wenn Sie bezüglich Ihres Familienlebens gewisse Prioritäten setzen würden. Vielleicht sollten Sie auf den Auslandsurlaub verzichten und haben dafür weniger Streit und weniger angespannte Nerven. Lassen Sie doch diese Gedanken einfach mal zu. Denken Sie darüber nach und sprechen Sie mit Ihrem Partner darüber. Viele Krisen machen wir uns selbst. Und manchmal kommt unter dem Strich gar nicht so viel mehr aufs Konto, wenn beide arbeiten, weil man dann oft zwei Autos braucht, eine Kinderfrau und besondere Kleidung. Außerdem geht man öfter Essen, weil man zu müde zum Kochen ist oder man gönnt sich ab und zu mal etwas extra, was eigentlich nicht nötig wäre, nur um seinen Stress abzubauen.

Haben Sie den Mut, neue Wege zu gehen. Auch ein Arbeitsplatzwechsel oder sogar ein Berufswechsel könnte eine Überlegung wert sein.

? Können Sie das Pensum, das Sie heute leisten, noch weitere 10, 20 oder 30 Jahre durchhalten?

Sprechen Sie gemeinsam über diese Überlegungen.

6. Die Finanzen

„Meine Frau kann nicht mit Geld umgehen", stöhnt Heinz. „Sobald sie in der Stadt etwas Schönes sieht, kauft sie es. Wie soll ich nur damit umgehen?"

„Angela ist von Beruf Steuerberaterin und kann dadurch sehr gut mit Geld umgehen. Doch leider meint sie, jetzt über unsere gemeinsamen Finanzen bestimmen zu können", beschwert sich Carl. „Ich darf nichts mehr ohne Absprache einkaufen. Neulich habe ich mir ein Paar Schuhe besorgt, ohne vorher auf das monatliche Budget für Kleidung zu achten. Für Kleidung war aber kein Geld mehr eingeplant. Sie machte mir eine riesige Szene und fragte, warum ich mich nicht an unsere Absprachen halten würde. 15 Jahre war ich Junggeselle und konnte mit meinem Geld tun und lassen was ich wollte, und jetzt werde ich wie ein kleiner Junge behandelt."

Unterschiedliche Ansichten über die Finanzplanung können schon mal zum Streit führen. Der eine möchte auf eine Eigentumswohnung sparen, der andere könnte in der Mietwohnung bleiben und würde das Geld lieber für Essengehen und diverse Hobbys ausgeben. Er möchte sich nicht einschränken und achtet deshalb auch nicht auf jede Mark.

In diesem Lebensbereich spielt die Erziehung eine sehr große Rolle und man orientiert sich meist an dem Vorbild seiner Eltern. Wie wurde in Ihrem Elternhaus mit Geld umgegangen? Waren Ihre Eltern eher großzügig oder musste jeder Pfennig rumgedreht werden?

Neben der grundsätzlichen Einstellung, was man am sinnvollsten mit seinem sauer verdienten Geld machen sollte, gibt es darüber hinaus Menschen, die gut mit Geld umgehen können und andere, die es nicht können. Einige geben ihr Geld immer sofort aus, sobald sie es in ihrer Tasche haben. Sie planen nicht lange, vielmehr geben sie es aus, solange es vorhanden ist und wenn es dann ausgegeben wurde, warten sie eben so lange, bis wieder etwas ins Haus kommt. Andere jedoch planen jede kleine Ausgabe und führen darüber bis ins kleinste Detail Buch. Wieder andere machen jedoch am laufenden Band Schulden, obwohl man annehmen könnte, dass sie eigentlich genug verdienen.

Solange man alleine lebt und nur für sich selbst verantwortlich ist, kann man mit dem Geld natürlich machen, was man will. Sobald man aber zu zweit ist, ist dies nicht mehr möglich, und es ist nötig, im Bereich der gemeinsamen Finanzen Transparenz zu zeigen.

Können Sie gut mit Geld umgehen? Gibt es wegen der Finanzen in Ihrer Beziehung immer mal wieder Auseinandersetzungen? Sind Sie ehrlich, wenn es ums Geld geht?

! Versuchen Sie Ihre Bedürfnisse zu formulieren. Sprechen Sie über Ihre Probleme, Ihre Ängste und Ihre Verletzungen.

In vielen Ehen kann ein Partner besser mit Geld umgehen, als der andere. Wenn Sie in Ihrer Partnerschaft der Finanzminister sind, bitte ich Sie, Ihren Partner nicht wie ein Kind zu behandeln. Es kann demütigend sein, wenn man um alles betteln muss. Nehmen Sie sich Zeit, über Ihre Pläne und Wünsche ausführlich zu reden.

Wenn Sie nicht so gut mit Geld umgehen können und Sie mit Ihrem Partner bezüglich Ihrer Finanzplanung Absprachen getroffen haben, dann versuchen Sie sich an diese zu halten, sonst sind Sie am Ende beide frustriert. Jeder hat irgendwo eine Schwäche. Nutzen Sie die Gabe Ihres Partners in diesem Bereich und legen Sie Ihren verletzten Stolz ab. Sagen Sie Ihrem Partner aber auch offen, wenn Sie sich von ihm gedemütigt fühlen.

7. Sexualität

Die Sexualität ist auf der einen Seite ein großes Geschenk an jedes Ehepaar, auf der anderen Seite aber auch eine enorme Herausforderung, da sich in keinem anderen Bereich der Ehe kleine Verstimmungen so schnell bemerkbar machen.

Jan freut sich schon den ganzen Tag auf einen romantischen Abend mit seiner Frau Anne. Als er nach Hause kommt, stolpert er über die Stiefel seiner Frau und ruft aus: „Was ist das denn für ein Chaos hier im Flur? Man bricht sich ja alle Knochen." Die gute Laune ist verflogen und Anne ist durch Jans Äußerung so verletzt, dass die beiden es bis abends nicht mehr schaffen, in Liebe aufeinander zuzugehen.

Bei der sexuellen Vereinigung begegnen sich Mann und Frau nicht nur auf der körperlichen, sondern auch auf der seelischen Ebene und somit ist die Sexualität sozusagen ein Gradmesser für das Wohlbefinden einer Ehe.

Katharina träumt davon, dass Klaus sie langsam auf die sexuelle Vereinigung vorbereitet. Sie sehnt sich nach leiser Musik im Hintergrund und fände es schön, wenn er sich vorher duscht. Aber sie hat nicht den Mut gefunden, mit ihm darüber zu reden. Klaus seinerseits würde beim Geschlechtsverkehr gerne das Licht brennen lassen. Er möchte sich an der Schönheit seiner Frau erfreuen, doch sie scheint sich unter der Decke am wohlsten zu fühlen. Wie einfach wäre es, wenn beide den Mut hätten, sich miteinander über ihre Bedürfnisse auszutauschen.

! Sprechen Sie über Ihre Wünsche und teilen Sie sich gegenseitig mit, wie Sie Ihre Sexualität erleben.

Erwarten Sie bitte nicht zu viel voneinander, und vor allen Dingen geht es nicht darum, einen Rekord aufzustellen, wie oft man miteinander schläft. Vielmehr liegt in der Abwechslung von Enthaltsamkeit und Vereinigung ein Geheimnis, dass die Sexualität mit dem eigenen Partner immer wieder neu spannend macht. Zudem unterliegt das Sexualleben innerhalb einer Partnerschaft einer ganzen Menge von Einflüssen, die man nicht alle immer steuern kann. Zu ihnen gehören Unwohlsein, Schwangerschaften, Stillzeiten, Müdigkeit, Medikamente, Stress und Sorgen, um nur einige der Faktoren zu nennen. Aber auch seelische Verletzungen, voreheliche oder außereheliche Beziehungen und nicht zuletzt auch Phantasien, die durch Filme, Zeitschriften und andere Personen als die Ehepartner ausgelöst werden, können die Sexualität belasten.

Im Laufe einer Beziehung erfährt die Sexualität darüber hinaus immer wieder größere Veränderungen. Jeder Partner macht sich dabei auf eine Reise, während der er sich selbst und sein Gegenüber kennen und verstehen lernt.

Sprechen Sie miteinander, lesen Sie Bücher, suchen Sie Menschen Ihres Vertrauens auf, die Ihnen helfen, dieses wunderbare, aber auch sehr zerbrechliche Geschenk der Sexualität zu entdecken. Seien Sie dabei jedoch sehr behutsam miteinander, denn man kann besonders in diesem Bereich der Beziehung schnell aneinander vorbeireden. Nehmen Sie sich deshalb viel Zeit, um sich gegenseitig zu verstehen. Geben Sie nicht voreilig auf, wenn Sie von der Art Ihres Intimlebens enttäuscht sind, und laufen Sie vor allen Dingen nicht in die Arme eines anderen, der Ihnen vermeintlich die Erfüllung aller Ihrer Wünsche garantiert. Wenn Sie wirklich an diesem Bereich Ihrer Beziehung miteinander arbeiten, werden Sie die Erfüllung Ihrer Wünsche sicher erleben.

8. Unterschiedliche Gaben und Fähigkeiten

Alle Menschen haben Stärken und Schwächen. Das weiß jeder. Doch warum können Gaben und Fähigkeiten zu Krisen führen?

Anne und Lars sind mit dem Auto auf dem Weg zum Gottesdienst, als sie einen Anhalter an der Autobahn stehen sehen.

Lars fragt: „Sollen wir ihn mitnehmen?"

Anne sieht Lars ungläubig an und sagt: „Nein, dann kommen wir zu spät."

Sein Kommentar sitzt: „Du wärst sicher auch kein barmherziger Samariter gewesen. Der kam nämlich auch zu spät, nachdem er den überfallenen Mann versorgt hatte."

Stimmte wirklich, was Lars da sagte? Anne war in ihrer Ehe immer die „Pünktliche", denn sie ließ sich von nichts aufhalten. Wenn das Telefon klingelte und sie schon im Gehen war, ließ sie den Anrufbeantworter seinen Dienst verrichten, während Lars mit den Worten „Es könnte ja wichtig sein" an den Apparat ging. Annes oberstes Ziel war: Ein Versprechen um jeden Preis einzuhalten. Dadurch handelte sie sich bei ihren Nachbarn jedoch das Urteil ein: „Die Frau ist arrogant. Sie hat nie zu einem kurzen Gespräch Zeit. Wie anders ist doch ihr Mann. Den kann man immer ansprechen."

Erst als Anne auf einer Kassette hörte, dass jede Stärke auch eine Schwäche beinhaltet, bekam sie den Schlüssel für einige ihrer Eheprobleme in die Hand. So zum Beispiel kann Pünktlichkeit Unbarmherzigkeit und Stolz beinhalten, Unpünktlichkeit hingegen Barmherzigkeit.

Diese Erkenntnis half Anne umzudenken. Wo hatte sie Menschen in ihrer Umgebung durch ihre Zielstrebigkeit Hilfe versagt? Wie oft hatte sie ihre Kinder und ihren Mann unter Druck gesetzt, nur weil sie nicht zu spät kommen wollte? Für Anne war folgender Schritt sehr wichtig: Sie löste sich davon, um jeden Preis pünktlich sein zu wollen. Zwar bemühte sie sich weiterhin um Pünktlichkeit, wurde aber nicht sauer und ungehalten, wenn es einmal nicht klappte.

Eine weitere Entspannung kam in ihre Ehe, als Lars endlich zugab, dass er Schwierigkeiten hatte, die Zeit im Griff zu haben. Um sich in diesem Punkt ändern zu können, bat er Anne um Hilfe. So durfte sie ihn neuerdings an ihren zuvor gemeinsam vereinbarten Zeitplan erinnern. Wie oft waren sie davor diesbezüglich in Streit geraten, der dann häufig sogar in einer Krise geendet hatte.

Geben Sie es ruhig einmal zu, wenn Sie in einem bestimmten Punkt Schwierigkeiten haben und bitten Sie Ihren Partner um Hilfe, denn dann kann ein Streit gar nicht erst in Gang kommen.

? Wo ist Ihre Stärke gleichzeitig die Schwäche Ihres Partners und dadurch Anlass für einen Streit in Ihrer Ehe?

Angela kann sich den Weg zu Freunden in einer fremden Stadt nicht besonders gut merken, während ihr Mann jede Straßenkurve im Kopf zu haben scheint. Immer wieder stand sie in solchen Situationen als die Unfähige da. Und wenn sie einmal alleine unterwegs war, verfuhr sie sich oft, weil sie zu stolz war, ihren Mann nach dem Weg zu fragen. Als sie das eben erwähnte Beispiel zum Thema Pünktlichkeit hörte, wurde ihr Folgendes deutlich: Hat ein Partner innerhalb einer Ehe eine bestimmte Gabe, so kann das Ehepaar diese Gabe nutzen, wenn sie gegenseitig lernen, in Liebe miteinander umzugehen.

Also bat Angela von da an ihren Mann, sie in ihrer Unfähigkeit anzunehmen und um Geduld, jeden Weg auch 10mal zu erklären, falls es nötig sein sollte. Sie wiederum wollte sich ihrerseits bemühen, ihre Schwäche auch selbst in den Griff zu bekommen. Deshalb legte sie ein „Wegweiser-Buch“ an, in dem sie alle wichtigen Wegbeschreibungen aufschrieb. Jetzt schaut sie in diesem Buch nach, wenn sie eine Fahrtroute nicht mehr weiß oder sie fragt ihren Mann und kann dabei sogar über sich selber lächeln.

! Freuen Sie sich über die Gaben Ihres Partners, nutzen Sie sie, ohne sich dabei auf Ihren Schwächen auszuruhen.

Nehmen Sie sich doch mal ein Blatt und schreiben Sie alle Gaben und Fähigkeiten Ihres Partners auf. Das wird sicher ein sehr schöner Abend, wenn Sie Ihren Partner wie folgt begrüßen: „Schatz, ich habe mal alle deine Stärken aufgeschrieben. Du bist ja ein richtiger Talentschuppen." Bestimmt wird er ganz neugierig fragen: „Lass mal hören." Oder er wird ungläubig schauen und denken: „Was ist denn heute los?"

Anschließend können Sie alle Gaben und Fähigkeiten miteinander durchgehen und prüfen, ob Sie irgendwo Neid empfinden oder ob die Stärken des jeweils anderen Auslöser für Streit sind. Als Nächstes wäre dann die Frage interessant, ob der Grund bei Ihnen liegt oder im Verhalten Ihres Partners.

Nehmen wir an, Sie können sich keine Namen merken. Stellt Sie Ihr Partner bloß, wenn Sie Frau Müller mal wieder nicht mit Namen begrüßen können? Oder sagt er liebevoll: „Frau Müller kennst du ja noch vom letzten Treffen."

Legen Sie Ihren verletzten Stolz ab. Nicht jeder kann alles können und es gibt für vieles Hilfen. Am einfachsten ist es, wenn Sie Ihren Partner um Hilfe bitten.

Doch am allerwichtigsten ist es, einmal offen über dieses Thema zu reden. Denn oft wissen wir gar nicht, was den anderen verletzt.

Natürlich heißt das nicht, dass ich mich auf meinen Schwächen ausruhen soll. Vielmehr sind wir stets gefordert, an unseren Schwächen zu arbeiten.

9. Hobbys

Hobbys sind als Ausgleich zur Arbeit wichtig, aber sie können eine Ehe-Beziehung auch sehr belasten.

„Meine erste Ehe zerbrach, weil ich mehr mit dem Fußball als mit meiner Frau verheiratet war. Fast jeden Abend war ich auf dem Fußballplatz, entweder trainierte ich selber oder ich unterrichtete die Jugend. Ich war so begeistert, dass ich gar nicht merkte, wie ich mich immer mehr von meiner Frau und meiner Tochter entfernte. Eines Tages meinte meine Frau: „Ich ziehe aus. Wahrscheinlich wirst du mich auch gar nicht vermissen, denn du bist ja sowieso nie da."

Kennen Sie solche Geständnisse? Irgendwann ist es zu spät. Sprechen Sie mit dem Partner darüber, wie viel Sport und wie viele ehrenamtliche Aufgaben Ihr Partner bereit ist, mitzutragen.

„Segeln ist wie unter der Dusche stehen und dabei 100-Markscheine zu zerreißen", meinte einmal ein Bekannter unserer Familie. Und das stimmt, denn viele Hobbys kosten nicht nur viel Zeit, sondern auch viel Geld. Und wenn dann nur einer von beiden von einem Hobby begeistert ist, kann das zu einer Krise führen und dies ganz besonders in Zeiten des Aufbaus eines gemeinsamen Hausstandes. Auch das noch so günstige Angebot kann dann zu Hause auf Unverständnis stoßen. Wie leicht ist man dann geneigt, die Neuanschaffung einfach zu verschweigen. So kann jedes Hobby schließlich zu einer Leidenschaft werden und eine tiefe Kluft zwischen die Ehepartner treiben, wie in der folgenden Familie:

Wenn im Fernsehen Formel 1 läuft, ist meine Frau wie taub. Egal wie laut unser Sohn schreit, sie sitzt wie gebannt vor der Kiste und schaltet auf stur. An mir kleben dann die Kinder und der Haushalt. Ist das noch normal? Wir können unsere Freunde und Verwandten nur dann einladen, wenn kein Rennen stattfindet. Ich weiß nicht, wie das noch weitergehen soll. Wenn die Kinder laut sind, schreit sie herum. Am liebsten würde ich einen Fernseher ohne Formel 1 kaufen.

? Sind Sie durch ein Hobby Ihres Partners genervt?

Sprechen Sie mit ihm darüber. Überlegen Sie gemeinsam, wie viel Geld und Zeit Sie für Hobbys ausgeben können und wollen. Gestehen Sie Ihre Eifersucht auf das Hobby des Anderen ein und suchen Sie nach gemeinsamen neuen Wegen.

10. Urlaub

Der Urlaub sollte die schönste Zeit im Jahr sein, doch für viele Ehepartner beginnt dann der reinste Stress. Die unterschiedlichsten Wünsche prallen aufeinander und so mancher hat sich im Urlaub gefragt: „Wie konnte ich nur diesen Menschen heiraten. Wir scheinen ja nichts gemeinsam zu haben." Umgekehrt sagte mein Schwiegervater, bevor wir als Studenten drei Monate lang mit dem Rucksack und wenig Geld durch Süd-Ost-Asien reisten: „Wenn ihr das gemeinsam überstanden habt, ohne euch zu trennen, dann werdet ihr es auch ein Leben lang schaffen und immer Auswege aus euren Krisen finden."

Im Urlaub empfindet man oft eine Bereitschaft, in lockerer Atmosphäre Neues auszuprobieren. Man lernt ohne Alltagssorgen und -stress nette Leute kennen und wenn man dann alleine ohne Ehepartner Urlaub macht, ist die Schwelle zum Ehebruch oft erschreckend niedrig. Irgendwie gelten dann andere Gesetze. Seien Sie gewarnt: Urlaubszeit ist Krisen- und Seitensprungzeit. Bitte beherzigen Sie diese Worte und seien Sie für die ersten Anzeichen sensibel.

Kai wuchs in einem Elternhaus auf, in dem Sport eine sehr große Rolle spielte. Sein größter Wunsch war es, einen Aktivurlaub zu machen, während seine Frau Eva sich in den Ferien lieber nur erholen und möglichst viel lesen wollte. Eva erzählt sehr lebendig: „Ich kann mich noch gut an so manchen Skiurlaub erinnern, in dem wir uns mehr als einmal verkrachten. Kai konnte von klein auf Ski fahren, während ich es erst mit 18 Jahren lernte. Nach einem schweren Sturz fuhr dann die Angst immer bei mir mit. Deshalb sah Kai sich auch als mein Skilehrer. Er wollte mir eigentlich nur helfen, meinen Fahrstil zu verbessern, doch ich konnte mit seiner konstruktiv gemeinten Kritik nicht besonders gut umgehen. Außerdem fuhr ich derart vorsichtig, dass er stets auf mich warten musste, und wenn ich dann endlich kam, hieß es von ihm: ‚Jetzt können wir ja weiterfahren.' Ich war schweißgebadet und er völlig unterfordert.

Anders war es mit seinem Freund, der mich manchmal unter seine Fittiche nahm. Seine Korrektur konnte ich gut annehmen, denn er schien mir in seinen Verbesserungen liebenswerter und irgendwie hatten wir auch mehr miteinander zu lachen. Irgendwann merkte ich, wie ich mit dem Feuer spielte."

Wenn man also auf Gleichgesinnte trifft, die etwas mit derselben Begeisterung machen, kann die Ehe in Gefahr geraten.

Anna und Martin kommen gut miteinander aus, doch Urlaubszeit ist bei ihnen stets auch Krisenzeit. Anna würde am liebsten gar nicht wegfahren, während Martin vom letzten Tag des Urlaubs an bis zum nächsten Mal unter Fernweh leidet. Deshalb hat Anna Martin im letzten Jahr mit den Kindern alleine losgeschickt. Martin hat während dieser Zeit zwar viel erlebt, als er von Ort zu Ort, von Jugendherberge zu Jugendherberge zog, aber glücklich war er nicht. Die Lösung Ihrer Krise lag in der Anschaffung eines Wohnwagens. Anna zog auf diese Weise ihr Haus, das sie gemütlich eingerichtet hatte, immer hinter sich her, konnte kochen, worauf sie Lust hatte, musste nicht laufend Koffer packen und fing langsam an, den Urlaub zu genießen. Sie wechselten Besichtigungsurlaube mit Strandurlauben ab und manchmal fuhren sogar ihre besten Freunde auf den gleichen Campingplatz mit.

In Bezug auf das Urlaubmachen gibt es 2 Typen von Ehen: Es gibt Ehepaare, die im Urlaub sehr gut miteinander auskommen, aber Probleme haben, den Alltag zu meistern. Sie streiten sich oft, wenn Stress und viel Arbeit bewältigt werden muss. Und es gibt andere Ehepaare, die scheinbar mühelos miteinander arbeiten können, aber von der Freizeit und vom Urlaub haben sie völlig unterschiedliche Vorstellungen. Deshalb ist es enorm wichtig, sich genau abzusprechen, um Krisen vorzubeugen und Kompromisse zu suchen.

? Wie geht es Ihnen als Ehepaar im Urlaub?

Am besten schreibt jeder einmal auf, was er sich für den Urlaub wünscht: Erholung, kulturelle Unternehmungen, sportliche Aktivitäten, Sonne, Hitze oder eher gemäßigte Temperaturen, Berge oder Meer und welche Länder Sie besuchen wollen. Anschließend sollten Sie dann versuchen, einen Kompromiss zu finden. Vielleicht können Sie den Urlaub splitten: Erst eine Woche Kultur, dann Erholung. Oder ein Jahr Bildung, ein Jahr Erholung.

Ich möchte nur davor warnen, den Urlaub allzu oft getrennt voneinander zu verbringen. Die freie Zeit im Urlaub beinhaltet nun einmal viele Versuchungen, die eine Ehe gefährden können.

Wenn Sie als Ehepaar Schwierigkeiten haben, den gemeinsamen Urlaub zu genießen, wäre es ratsam, noch einmal über die letzten Urlaube zu reden. Wer hat wen überfordert, nicht ernst genommen, verletzt? Versuchen Sie an die Wurzeln zu kommen. Bitten Sie um Vergebung und versuchen Sie, sich zu versöhnen.

11. Eltern und Schwiegereltern

Eine Dauerkrise löst in vielen Ehen das Thema „Eltern und Schwiegereltern“ aus. Die Hauptfrage ist dabei, wie viel Einfluss hat die ältere Generation immer noch auf die schon erwachsenen und verheirateten Kinder?

Ralph plante gerade ein Wochenende bei seinen Eltern, die vier Autostunden entfernt wohnen, als Claudia ihm eröffnete: „Ich fahre zu deinen Eltern nicht mehr mit. Ich habe es satt. Sobald wir bei euch zur Tür reinkommen, wirst du wieder ‚Sohn Ralph‘ und hängst den ‚Ehemann‘ an den Nagel. Und an mir kleben dann ständig die Kinder. Du gehst abends mit deinem Vater ins Bett und stehst morgens mit deiner Mutter auf und ich habe während dieser Zeit gar nichts von dir.“ Sie machte ihrer Wut und Enttäuschung so richtig Luft, dabei schaute er sie ganz entgeistert an und wusste nicht, was er falsch gemacht hatte. Also sprachen sie lange über Claudias Beobachtungen und er musste ihr Recht geben. Ralph versprach deshalb, beim nächsten Mal Ehemann und Vater zu bleiben und sich zunächst nach den Bedürfnissen der eigenen Familie zu richten. Erst dann wollte er Sohn sein. So fuhren Ralph und Claudia das nächste Wochenende gemeinsam zu seinen Eltern und er hielt Wort.

Manuela und Klaus kamen gerade von einem Eheseminar, auf dem sie sich gegenseitig versprochen hatten, einmal pro Woche einen Ehe-Abend einzuführen. Vier Wochen später kamen Manuelas Eltern für eine Woche zu Besuch. Dienstag war der letzte gemeinsame Abend und gleichzeitig war dienstags auch ihr Ehe-Abend, an dem sie sonst miteinander ausgingen. Den ganzen Tag über fühlte sich Manuela zwischen zwei Stühlen. Konnte sie ihre Eltern am letzten Abend bitten, auf die Kinder aufzupassen, oder sollte sie Klaus mit der Tatsache konfrontieren, dass der Ehe-Abend ausfiele. Kurz vor 18:00 Uhr nahm sie jedoch allen Mut zusammen und fragte ihre Eltern, ob sie mit Klaus ausgehen könne, obwohl es der gemeinsame Abschiedsabend sei. Die Antwort ihrer Mutter war sehr überraschend: „Natürlich passen wir gerne auf die Kinder auf. Was gibt es Schöneres für El-

tern, als zu erleben, dass die Ehen der Kinder funktionieren. Habt einen schönen Abend." Klaus strahlte über das ganze Gesicht, als er von dem stattfindenden Ehe-Abend hörte und fühlte sich von Manuela sehr geliebt. Sie hatte ihm die 1. Priorität gegeben.

? Welche Stellung haben die Eltern und Schwiegereltern in Ihrem Leben? Können Sie sich von Ihnen abgrenzen oder erfüllen Sie immer zuerst die Bedürfnisse Ihrer Eltern?

Wenn es bei meinem Mann und mir um das Thema Eltern geht, bemühen wir uns, unsere Eltern zu ehren, und wir sind immer wieder eingesprungen, wenn sie Hilfe brauchten. Aber gleichzeitig versuchen wir auch, unsere Ehe zu schützen.

! Es ist wichtig, Elternhäuser zu verlassen, um für die eigene Ehe frei zu sein.

Manche Kinder ziehen zwar aus der elterlichen Wohnung aus, doch man merkt an ihren Reaktionen, dass sie in ihrem Herzen noch nicht wirklich selbstständig geworden sind. Sie telefonieren z. B. jeden Tag mit der Mutter und treffen keine Entscheidung, ohne sich bei den Eltern Rat zu holen.

Andere hingegen bleiben ein Leben lang im Einzugsbereich oder sogar im gleichen Haus der Eltern wohnen, sind aber vollkommen frei in ihren Entscheidungen. Sie sind abgenabelt.

Es ist ein wichtiger Reifeschritt, sich vom Elternhaus zu lösen und eigene Entscheidungen zu fällen, die man dann auch selbst verantwortet. Denn wie sollen zwei junge Menschen eine gesunde Ehe führen, wenn sich die Eltern andauernd einmischen? Unter Verlassen verstehe ich dabei jedoch nicht, dass man mit seinen Eltern bricht oder von ihnen keinen Rat mehr annimmt. Im Gegenteil, es ist gut, wenn wir von der älteren Generation lernen, aber die Eltern dürfen dabei keine Macht über ihre Kinder haben.

? Haben Sie sich bereits von Ihren Eltern gelöst?

Drei Prüffragen mögen dabei helfen, dies herauszufinden:

- Sind mir die Bedürfnisse meines Partners wichtiger als die meiner Eltern?
- Bespreche ich wichtige Dinge zuerst mit meinen Eltern oder mit meinem Partner?
- Wie oft telefoniere ich mit meinen Eltern?

Sind Sie in der Beantwortung der Fragen unsicher, so sollten Sie Ihren Partner miteinzubeziehen, wie er Ihre Situation beurteilen würde. Es ist nichts dagegen einzuwenden, die Eltern um Rat zu bitten oder in Entscheidungen mit einzubinden, aber es gibt eine Abhängigkeit, die ungesund ist und eine Ehe auf Dauer gefährdet.

Wenn Sie nun feststellen, dass Sie noch zu sehr an Ihre Eltern gebunden sind, ist die erste Frage: „Wollen Sie das ändern?" Wenn ja, könnten Sie Ihren Ehepartner bitten, Ihnen dabei zu helfen. Es wäre bestimmt auch gut, ein Gespräch mit den Eltern zu führen und sie in den Loslösungsprozess mit einzubeziehen. Bitten Sie sie zum Beispiel konkret, nicht laufend Besuche von Ihnen zu erwarten.

Es könnte auch sein, dass Sie sagen: „Ich habe mich von meinen Eltern gelöst, aber meine Eltern klammern." Dann würde ich Ihnen raten, klare Grenzen zu ziehen. Sagen Sie, was Sie sich von der Beziehung wünschen. Bitten Sie Ihre Mutter, nicht jeden Tag anzurufen. Treffen Sie feste Absprachen. Auch Eltern müssen akzeptieren, wenn Kinder Geburtstage oder Weihnachten alleine feiern wollen. Haben Sie den Mut, mit der älteren Generation zu reden.

Es kommt in solchen Situationen bereits viel Entspannung in eine Ehe, wenn beide Ehepartner an einem Strang ziehen. Versuchen Sie eine gemeinsame Lösung zu finden, mit der beide Partner gut leben können. Nicht zuletzt sind schon viele Ehen gescheitert, weil sich einer der beiden Partner ständig durch Eltern ausgebootet fühlte.

12. Geburt der Kinder

Auf den ersten Blick ist vielleicht nicht nachzuvollziehen, wieso die Geburt von Kindern zu einer Krise führen kann. Doch gerade die Geburt des ersten Kindes bringt so manche Schwierigkeit mit sich, da das Ehepaar eine sehr große Umstellung in seinem gemeinsamen Leben durchmacht. Die Ehefrau wird zusätzlich Mutter und der Ehemann Vater. Jeder muss sich in die neue Aufgabe hineinfinden. Und es ist gar nicht so einfach, Eltern zu werden und gleichzeitig ein Liebespaar zu bleiben, da die unterschiedlichen Rollen oft miteinander konkurrieren.

Die Geburt des ersten Kindes ist besonders für die Frau ein sehr einschneidendes Erlebnis. Fast automatisch rückt nämlich nun das Kind in der Gefühlswelt der Mutter an die erste Stelle und verdrängt den Ehemann von seiner Position.

! Der Ehemann sollte immer Priorität Nr. 1 bleiben, unabhängig davon, wie viele Kinder geboren werden.

Kinder bleiben in der Regel zwar 15–20 Jahre im Elternhaus, verheiratet ist man jedoch mit seinem Partner vierzig oder sogar fünfzig Jahre. Was wird aber aus einer Ehe, in der der Nachwuchs der ständige Mittelpunkt gewesen ist, sobald die Kinder aus dem Haus gehen? Nicht selten scheitern dann diese Ehen, weil sich die Ehepartner inzwischen nichts mehr zu sagen haben.

Es ist deshalb wichtig, immer wieder daran zu arbeiten, dass die Beziehung zwischen den Ehepartnern nicht abkühlt.

Roland drückte es 3–4 Monate nach der Geburt seines Kindes so aus: „Marita, ich habe das Gefühl, dass du mich nicht mehr liebst."

Marita reagierte total gefühlsmäßig darauf und konterte: „Das ist ja nicht zu glauben. Ich wasche deine Hemden, koche, erziehe unser Kind und du sagst, dass ich dich nicht mehr liebe. Warum mache ich denn das alles?" Sie war kein bisschen bereit, seine Not anzuhören.

Doch in der Stille beim Bügeln und Kochen ging ihr dieser Satz nicht mehr aus dem Kopf. Was meinte er nur damit: „Ich liebe ihn nicht mehr." Es hatte sich doch nichts geändert. Doch langsam dämmerte es ihr. Sie hatte sich nicht mehr um seine Bedürfnisse gekümmert. Sie war abends oft zu müde, sich anzuhören, was ihn beschäftigte. Auch ihre Sexualität war ziemlich auf der Strecke geblieben. Lust zum Ausgehen hatte sie auch nicht. Stattdessen lebte sie auf Sparflamme und war immer bemüht, irgendwoher die Kraft für jeden neuen Tag zu bekommen. Ja, jetzt konnte Marita nachvollziehen, warum Roland so empfand. Sie sprachen lange darüber und er verstand auch ihre gegenwärtige Situation. Deshalb bemühten sie sich um einen Babysitter, der ab und zu mal für mehrere Stunden mit dem Kind spazieren ging, sodass sie sich bewusst Zeit füreinander nehmen konnten.

Um die Geburt eines Kindes herum, sind Ehepaare durch den permanenten Schlafmangel oft gereizter, weniger geduldig und auch empfindlicher als sonst. Deshalb möchte ich Sie bitten, die Gefühle des Anderen mit Samthandschuhen anzufassen. Sprechen Sie ganz bewusst in Ich-Sätzen, nicht in Du-Sätzen, wenn Sie Ihre Situation klären wollen. Also folgendermaßen: „Ich empfinde, dass du mich mit dem Kind allein lässt. Stimmt das?" oder „Ich fühle mich überfordert." Und nicht: „Du lässt mich mit dem Kind immer allein." Oder fragen Sie zunächst nach: „Wie geht es dir damit?" Bitten Sie um Hilfe. Signalisieren Sie, dass Sie den Partner brauchen. Versuchen Sie über Ängste, Gefühle und Verletzungen zu sprechen. Vermeiden Sie dabei jedoch Anklagen und Schuldzuweisungen und äußern Sie Wünsche, statt zu kritisieren.

In der Phase nach der Geburt eines Kindes ist es hilfreich, die eigenen Grenzen zu erkennen. Verurteilen Sie sich nicht selber. Sie sind keine schlechte Mutter, nur weil Ihnen der Schlafmangel ab und zu die Freude an dem Baby raubt. Es ist o.k., wenn Sie manchmal genervt sind, weil es mit dem Stillen nicht klappt. Versuchen Sie realistische Erwartungen an sich zu stellen. Leider hört man oft nur, dass das Traumbaby das Eheglück vollkommen macht und nicht, wie belastend so ein kleiner Erdenbürger sein kann. Alles im Leben hat zwei Seiten, auch das Elternwerden.

Als Mann haben Sie wahrscheinlich mit Eifersucht zu kämpfen. Es ist wichtig, darüber zu reden, wenn Sie sich vernachlässigt fühlen. Flüchten Sie nicht in Ihre Hobbys oder andere Beziehungen. Sprechen Sie mit Ihrer Frau. Eine Schwangerschaft und Entbindung kann für einen Mann eine enorme Versuchung sein, fremdzugehen. Seien Sie beide deshalb besonders wachsam und versuchen Sie als Frau, Ihren Mann zu verstehen und auf seine Bedürfnisse einzugehen.

Als Krisenstrategie könnte es auch hilfreich sein, andere Menschen um Unterstützung zu bitten. Bestimmt wohnen in Ihrer näheren Umgebung Teenies, die gerne mal mit einem Baby spazieren gehen und sich ein bisschen Taschengeld dazuverdienen möchten. Auch Großeltern sind oft bereit, als Babysitter einzuspringen. Im Zeitalter des Handys dürfte es eigentlich kein Problem sein, mal einen Abend auszugehen. Denn wenn der Schrei nach Muttis Brust allzu laut werden sollte, kann man den Abend notfalls vorzeitig wieder abbrechen. Viele Paare berichten, wie gut ihnen dieser Tapetenwechsel getan hat, wenn sie einmal für 1–2 Stunden nur zu zweit ausgegangen waren. Seien Sie gewiss: Ein Baby hält das aus und für Ihre Ehe ist diese Zeit wie ein Bollwerk gegen Versuchungen.

13. Kindererziehung

Die Art, wie wir unsere Kinder erziehen, hat eine ganze Menge mit uns selbst zu tun, denn in diesem Bereich wurden wir maßgeblich durch unsere Eltern geprägt. So wie wir selbst erzogen wurden, werden wir unbewusst auch unsere eigenen Kinder erziehen. So werden dann Sätze wie: „Wenn ich mal Kinder habe, werde ich sie nicht zwingen, einen Mittagsschlaf zu halten“, spätestens dann nicht mehr relevant sein, wenn der eigene Nachwuchs quengelnd in der Ecke sitzt. Es ist nun einmal etwas grundlegend anderes, ob man ein Verhalten aus der Sicht des Kindes oder der Elternposition betrachtet. Und so kann es passieren, dass sich der eine oder andere darüber wundert, wie sich seine Meinung über die Erziehung der eigenen Eltern später ändert.

Doch abgesehen davon, dass Sie sich mit Ihrer eigenen Erziehung auseinander setzen und sich darüber Gedanken machen werden, wie Sie Ihr Kind erziehen wollen, müssen Sie dies alles auch noch mit Ihrem Partner abstimmen. Nun kann es sein, dass Sie als Einzelkind sehr großzügig erzogen worden sind und wenig Grenzen gesteckt bekommen haben, während Ihr Partner womöglich in einer großen Familie auf vieles hat verzichten müssen und dazu noch Eltern hatte, die ständig Verbote ausgesprochen haben. Eine derart unterschiedliche Vorprägung kann deshalb schon mal zu Spannungen führen.

Darüber hinaus können auch die unterschiedlichen Erziehungsstile von Mann und Frau zu Problemen führen. Meiner Beobachtung nach versuchen Mütter ihre Kinder eher zu behüten und ihnen alle Schwierigkeiten abzunehmen, während Väter ihre Kinder eher heraus- und sogar überfordern. Meist ist auch das Spiel der Väter sehr wild und hört erst auf, wenn die Kinder nach Jauchzen und Quietschen weinen. Außerdem trauen Väter ihren Kindern früher zu, allein auf Reisen zu gehen und legen nicht so viel Wert darauf, dass ihre Kinder sauber und ordentlich gekleidet sind.

„Mein Mann liebt es, mit den Kindern ausgelassen zu toben. Ich kann dann oft gar nicht hinsehen", erzählt Claudia ihrer Mutter. „Gestern hat er Markus (3 Jahre alt) auf einem Fest in die Höhe geworfen. Mir stockte fast der Atem, als ich sah, wie das Kind durch die Mitte eines Kronleuchters flog. Wie kann er mir das antun? Ich kann das nicht ertragen. Immer wieder spielt er so wild. Er dreht die Kinder wie ein Karussell nur an einem Arm. Und eines der Kinder ist sogar dabei schon auf den Kopf gefallen. Natürlich endet stets diese Toberei mit lautem Geschrei. Doch alles Reden hilft nichts. Er meint, dass Männer eben anders mit ihren Kindern spielen. Und unsere Kinder sagen natürlich auch immerzu: ‚Papa, wirf uns in die Luft, turn mit uns und lass uns klettern gehen.'"

„Meine Frau fällt mir laufend ins Wort, wenn ich den Kindern Grenzen setze. Gestern habe ich die Kinder dreimal dazu aufgefordert, ihr Zimmer aufzuräumen, aber sie haben nicht gehört. Da habe ich ihnen drei Tage lang verboten Süßigkeiten zu essen, woraufhin meine Frau meinte: ‚Das kannst du doch nicht machen, morgen bin ich mit ihnen zum Kaffeetrinken eingeladen. Wie soll ich das denn durchhalten. Außerdem sind die Kinder noch zu klein, um alleine aufzuräumen.' Daraufhin grinsten sich die Kinder gegenseitig an und hatten gewonnen. Wie sollen denn die Kinder Respekt vor mir bekommen, wenn meine Frau immer alles alleine regelt. Auf der anderen Seite beschwert sie sich aber, dass die Kinder so anstrengend sind und nicht gehorchen."

? Wie sollte man miteinander umgehen, wenn man denkt, der Partner macht Fehler in der Kindererziehung? Gibt es hier eine richtige Vorgehensweise?

Ich glaube, dass jedes Elternteil die Gelegenheiten braucht, eine eigene Beziehung zu seinen Kindern aufbauen zu können, ohne dass es laufend vom anderen kontrolliert wird. Besonders die Frauen sollten ihren Männern mehr Gelegenheiten geben, sich allein mit ihrem Nachwuchs zu beschäftigen:

Zunächst nur einen Nachmittag oder ein Wochenende lang und wenn sie älter sind, vielleicht sogar eine ganze Woche ohne die Mama. Zum einen lernt dadurch der Mann es schätzen, was seine Frau in punkto Familienarbeit leistet, zum anderen bekommt er als Vater mehr Selbstwertgefühl und denkt nicht, dass er in der Erziehung sowieso keine Chance hat, da seine Frau mit ihrer Intuition, dem Vorteil der Schwangerschaft und intensiveren Zeiten mit den Kindern ohnehin besser abschneidet. Oberste Priorität sollte jedoch darauf gelegt werden, dass man seinem Partner bei der Erziehung nicht in den Rücken fällt. Halten Sie es deshalb einmal aus, wenn Ihr Partner eine Strafe ausgesprochen hat, die womöglich schwer durchzuhalten ist und sprechen Sie auf jeden Fall unter vier Augen mit ihm darüber.

! Korrigieren Sie Ihren Partner nie vor den Kindern.

Es ist wirklich wichtig, dass Sie als Eltern Einheit demonstrieren, sonst verlieren Sie bei Ihren Kindern schnell jegliche Autorität. Denn Kinder sind schlau und sie entdecken sofort die Schwachstellen im System. Aus diesem Grund sollten Sie als Eltern auch ständig miteinander im Gespräch bleiben.

Ich bin Erzieherin von Beruf und seit der Geburt unseres ersten Kindes zu Hause. Mittlerweile bin ich Mutter von vier Kindern. Wenn ich ehrlich bin, lasse ich mir in der Kindererziehung von meinem Mann nichts sagen. Erstens habe ich es gelernt, zweitens kenne ich die Kinder am besten und drittens, was bleibt mir denn dann, wenn ich auch dieses Feld noch mit meinem Mann teile.

Es ist ein Geschenk, wenn Kinder Väter und Mütter haben. Doch oft machen die Eltern es sich gegenseitig schwer, gute Beziehungen zu ihren Kindern zu entwickeln.

? Wie reden Sie über Ihren Partner, wenn Ihr Kind dabei ist?

Haben Sie auch schon einmal Sätze wie die folgenden Ihrem Kind gegenüber fallen lassen?

„Siehst du, Papa kommt schon wieder nicht nach Hause. Nie hält er sein Versprechen. Auf Männer kann man sich wirklich nicht verlassen."

„Die Mama telefoniert wohl den ganzen Tag. Wenn ich sehe, wie unordentlich das Haus ist, weiß ich nicht, was sie macht, wenn ich arbeite."

„Papa sitzt mal wieder vorm Fernseher und ich maloche in der Küche."

Was hören Kinderohren so alles über ihre Eltern? Verstehen Sie mich bitte nicht falsch, Kinder dürfen natürlich mitbekommen, dass Mama und Papa nicht immer einer Meinung sind. Denn Streiten und Vertragen gehört nun einmal zu jeder Partnerschaft. Überprüfen Sie aber immer wieder, in welchen Bereichen Sie zu weit gehen. Ihr Kind ist nicht die richtige Adresse für Beschwerden über den Partner.

14. Krankheit

Besonders länger dauernde, so genannte chronische oder lebensbedrohliche Krankheiten können eine Ehe enorm gefährden. Das liegt oft darin begründet, dass die vorher entwickelten Erwartungen an ein gemeinsames Leben wie ein Kartenhaus zusammenfallen, was der eine oder andere fast nicht ertragen kann. Hinzu kommt oft eine extrem körperliche und psychische Belastung sowohl auf Seiten des Kranken als auch des Gesunden, die dann Fluchtgedanken fördern. Lesen Sie die Geschichte von Maren:

Maren berichtet: „Ich war 25 Jahre alt. Endlich hatte ich mein Jurastudium abgeschlossen und arbeitete in einer Kanzlei. Voller Elan widmete ich mich meinen Aufgaben. Außerdem war ich seit einem Jahr verheiratet. Ich war sehr glücklich. Doch plötzlich, vier Wochen nach einer schweren Erkältung, bekam ich massive Herzrhythmusstörungen. Ich fühlte mich nicht mehr belastungsfähig und quälte mich nur noch bei der Arbeit. Immer wieder musste ich eine Pause machen, wenn es keiner sah. Als es nicht besser wurde, ließ ich mich bei einem Internisten durchchecken. Er schickte mich gleich ins Krankenhaus mit dem Verdacht auf eine Herzmuskelentzündung.

Ich blieb daraufhin vier Wochen im Krankenhaus, anschließend zwei Monate zu Hause und stellte mir viele Fragen: ‚Werde ich je wieder arbeiten können? Können wir Kinder bekommen? Werden meine Herzrhythmusstörungen irgendwann einmal vorbei sein?‘ Für meinen Mann war die Krankheit wie ein Keulenschlag. Er hatte eine junge dynamische Frau geheiratet, wollte mindestens zwei Kinder bekommen und viel Sport treiben. Unfähig, mit dieser Situation umzugehen, ging er nach seiner Arbeit direkt zum Sport, um sich abzulenken. Abends machte er dann nur noch einen kurzen Besuch bei mir. Später gestand er mir, dass er Fluchtgedanken in sich spürte. In Tagträumen sah er, wie er mich in einem Rollstuhl den Berg hinaufschob. Als wir uns kennen lernten, träumten wir von mindestens zwei Kindern. Und jetzt hatte ich fast keine Kraft, mir alleine die Zähne zu putzen. Was hatte er mir versprochen: ‚In guten und in schlechten Tagen …‘

Wie schnell können doch ‚schlechte' Zeiten kommen.

Er war sich damals sicher: ‚Ich kann mein Leben nicht auf Dauer mit einer Frau teilen, die zu nichts mehr fähig ist. Aber ich liebe sie und es ist gemein, jemanden zu verlassen, nur weil er krank geworden ist.'

Diese Gedanken kreisten in seinem Kopf immer wieder umher. Das war damals eine enorme Belastungsprobe für unsere junge Ehe. Nach drei Monaten fing ich wieder an zu arbeiten, langsam erst zwei Stunden am Tag, dann mehr. Ich glaubte, nie mehr einen vollen Berufsalltag durchstehen zu können. Und obwohl ich regelmäßig Medikamente nahm, konnte ich meine Arbeit erst nach einem halben Jahr wieder vollständig aufnehmen. Auch während der folgenden zwei Jahrzehnte musste ich immer wieder mit Herzrhythmusstörungen leben, die mich manchmal sogar monatelang lähmten und unfähig machten, meine normale Arbeit zu erledigen."

Jede länger dauernde Krankheit ist eine Belastung für eine Partnerschaft. Besonders schwierig kann es werden, wenn Krebs entdeckt wird.

Ein Gynäkologieprofessor teilte mir seine Beobachtung mit, dass viele Ehen seiner Patientinnen durch eine Krebserkrankung auseinander brechen. Er meinte: „Innerhalb einer fünfjährigen Frist zerbrechen 80 % der Ehen, in denen die Frau Brustkrebs hat und durch eine Operation eine Brust verliert."

Warum ist es so? Einer Frau fällt es oft schwer, ihre Krebserkrankung selbst anzunehmen und zu verarbeiten, zum anderen hat sie Schwierigkeiten, sich noch als Frau zu sehen, die für ihren Mann attraktiv ist. Und beim Mann laufen ähnliche Prozesse ab. Er findet seine Frau vielleicht nicht mehr so attraktiv und fühlt sich gleichzeitig auch noch von seiner Frau abgewiesen. Schwierig wird es, wenn die beiden miteinander nicht offen über ihre Probleme reden.

Auf einem Eheseminar wurde Maren und ihrem Mann die Frage gestellt: „Wann haben Sie in Ihrer Ehe große Schwierigkeiten miteinander zu reden?"

Sie antworteten beide unabhängig voneinander: „Wenn Maren krank ist."

In Phasen der Krankheit mochte sie sich selbst nicht, wenn sie einmal wieder im Bett lag und sich schonen sollte. Und ihr Mann kämpfte mit seiner Rebellion und damit, dass sie sich einigelte. Erst als Maren begriff, dass sie für Gott nichts leisten muss, um von ihm geliebt zu sein, begann ein Prozess, in dem sie sich selbst annehmen lernte. Und in dem Maße, wie sie sich lieben und annehmen konnte, öffnete sich auch die Tür zu ihrem Mann, sodass auch er es leichter hatte, sie anzunehmen. Zuvor hatten sie sich wie zwei sich gegenseitig abstoßende Magnete verhalten.

? Haben Sie Schwierigkeiten mit Ihrem Partner zu reden, wenn einer von beiden krank ist?

Besonders wenn ein Partner chronisch erkrankt, kann das einen tiefen Einschnitt in die Lebensplanung mit sich bringen. Manchmal muss man dann seine Lebensvorstellungen loslassen. Fragen wie: „Kann ich ein Leben lang an der Seite eines kranken Menschen aushalten. Will ich das überhaupt?" werden drängend. Man wird zwangsweise mit dem eigenen Unvermögen und der inneren Rebellion konfrontiert und würde lieber flüchten, als in den Prozess einzuwilligen, den diese Fragen einleiten. Man will die Situation nicht wahrhaben, will fliehen. Und dennoch hat man diesem Menschen die Treue versprochen.

Ich will hier keinen billigen Rat geben, aber ich wünsche Ihnen, dass Ihre Liebe so stark ist, dass Sie auch die unangenehmen Erfahrungen im Leben gemeinsam durchstehen und diese Qualität von Liebe kennen lernen.

Außerdem wünsche ich Ihnen beiden den Mut, gemeinsam neue Wege des Miteinanders zu finden. Und lassen Sie das gemeinsame Gespräch nicht abreißen!

15. Fehl- und Totgeburten

Melanie und Klaus erwarten ihr erstes Kind, als Melanie plötzlich in der 15. Woche zu bluten beginnt. Der Arzt weist sie vorsichtshalber ins Krankenhaus ein, wo sie sehr genau überwacht wird. Zunächst scheint sich alles zu beruhigen. Doch nach 5 Tagen leiten wehenartige Schmerzen die Fehlgeburt ein. Klaus ist beruflich unterwegs und kann nicht sofort kommen, sodass Melanie alleine in den Operationssaal geschoben wird, wo in Vollnarkose eine Ausschabung vorgenommen wird. Auch als sie wieder aufwacht, schaut sie nicht in Klaus Augen, sondern nur in die der Dienst habenden Schwester. Sie sehnt sich nach Klaus. Als er schließlich abends müde ins Krankenhaus kommt, scheint er nicht sehr traurig über den Tod des Kindes zu sein. Er meint nur: „Irgendwie haben wir es ja geahnt. Vielleicht wäre es behindert zur Welt gekommen. Wir sind noch so jung. Wir versuchen es wieder." Keine Frage, wie es ihr geht und was sie fühlt. Nach seinem Besuch geht er Tennis spielen, was für sie wie eine Ohrfeige ist. Immerhin war ihr erstes Kind gestorben.

Es ist sehr unterschiedlich, wie Frauen Fehlgeburten erleben. Manche trauern noch lange um diese Kinder, die nicht auf die Welt kommen durften und die Freude will nicht so recht in ihr Leben zurückkehren. Andere versuchen so schnell wie möglich wieder schwanger zu werden und wieder andere scheinen Meister im Verdrängen zu sein.

Sprechen Sie immer wieder mit Ihrem Partner über den Verlust. Suchen Sie Menschen, die das Gleiche durchgemacht haben und lesen Sie Bücher zu diesem Thema. All das kann helfen, das Unbegreifliche anzunehmen und zu verarbeiten und als Paar auch in dieser tiefen Krise beieinander zu bleiben.

16. Geburt eines behinderten Kindes

Wenn ein Kind behindert zur Welt kommt, gerät die Familie häufig in eine Isolation. Die Umwelt weiß nicht, was sie sagen soll und meidet oft den Kontakt.

Mike: „Unser 5. Kind Conrad wurde als Down-Kind geboren. Als ich nach der Geburt das erste Mal wieder in die Firma ging, schauten die Kollegen nur verstohlen zur Seite. Keiner gratulierte mir. Einer meinte: ‚Zu so einem Kind kann man doch nicht gratulieren oder?' Das hat mich sehr traurig gemacht."

Nicola versorgt mit Liebe ihre Drillinge, einer der drei ist behindert, die beiden anderen sind gesund. Als einer der Drillinge Schwierigkeiten in der Schule hatte, meinte die Lehrerin: „Ich kann das ja auch verstehen, denn sie haben da ja so ein Problem."

? Wie erleben Sie Menschen im Umgang mit behinderten Kindern?

In vielen Hotels werden Eltern mit Behinderten nicht gerne gesehen, da sie das Wohlbefinden der gesunden Gäste vermeintlich stören würden. Eltern mit einem behinderten Kind werden oft von ihrer Umwelt verletzt. Und nicht selten machen sich beide Partner sogar gegenseitig Vorwürfe, manchmal auch nur versteckt.

Als ich noch junge Assistenzärztin war, wurde auf meiner Station eine 35-jährige Frau mit einer chronischen Quaddelsucht aufgenommen. Ich hatte die Aufgabe, sie zu untersuchen, um herauszufinden, was die Ursache ihrer Beschwerden sei. Sie hatte zu diesem Zeitpunkt schon viele Medikamente ausprobiert und mehrere Ärzte aufgesucht, ohne dass sich an ihrem Juckreiz und ihren Quaddeln etwas geändert hatte. Ich nahm mir also zwei Stunden Zeit, um mit ihr zu reden. Sie fasste Vertrauen zu mir und erzählte mir all ihren Kum-

mer. Plötzlich sagte sie: „Was ich Ihnen jetzt sage, habe ich noch nie jemandem anvertraut: Vor 14 Jahren habe ich einer Tochter das Leben geschenkt, die mit einer Unterfunktion der Schilddrüse zur Welt kam. Leider wurde es nicht rechtzeitig entdeckt, weshalb sie nicht mit den nötigen Schilddrüsenhormonen behandelt werden konnte. Nun ist sie behindert. Mein Mann und ich machen uns andauernd Vorwürfe, dass wir es nicht gemerkt haben und dass wir nicht eher zum Arzt gegangen sind. Bis heute reden wir fast überhaupt nicht miteinander. Keiner weiß von unserem großen Elend und der Schuld, die wir mit uns herumtragen." Am Morgen nach unserem Gespräch hatte die Frau keinen Ausschlag mehr. Bei der Visite fragte mich deshalb mein Chef, welche Medikamente ich ihr denn gegeben hätte. Daraufhin antwortete ich: „Keine, ich habe nur mit ihr geredet." Anschließend sprach ich jeden Tag etwa 1 Stunde lang mit ihr und sie blieb erscheinungsfrei. Nach einer Woche konnte sie als geheilt entlassen werden.

Eine andere Reaktion auf die Geburt eines behinderten Kindes ist die Flucht oder der Rückzug ins Schneckenhaus, wodurch viele Ehen scheitern. Die enorme zeitliche, psychische und körperliche Belastung zehrt an den Nerven der Eltern. Nicht selten kommt zudem die Zweisamkeit zu kurz, denn oft gibt die Mutter für dieses Kind alles andere auf und steht bald alleine da. Auch hier ist es wichtig, Menschen zu finden, die das behinderte Kind von Zeit zu Zeit für einige Stunden versorgen oder in Pflege nehmen, damit die Ehe und die anderen Kinder nicht zu kurz kommen.

Falls Sie Eltern eines behinderten Kindes sind, bitte ich Sie inständig, dass Sie das Gespräch miteinander nicht abreißen lassen. Erzählen Sie sich gegenseitig Ihre Gedanken und Gefühle. Suchen Sie Menschen, die Ihr Kind einmal für Stunden oder ein Wochenende betreuen, damit Sie zu sich selbst und zu Ihrem Partner finden können. Schließen Sie sich einer Selbsthilfegruppe an und suchen Sie Menschen, denen Sie Ihren Kummer erzählen können.

17. Der unerfüllte Wunsch nach Kindern

Als Jutta 27 Jahre alt war, wurde in ihr der Wunsch nach Kindern immer stärker. Da ihr Mann Jan auch gerne Vater werden wollte, begannen sie das große Abenteuer und waren sich absolut sicher, dass Jutta sofort schwanger werden würde. Sie konnten es beide nicht glauben, als sie jeweils pünktlich ihre Periode bekam. Nach 6 Monaten machten sie sich jeder getrennt Gedanken, wer denn „schuld" sein könnte. Angst stieg in Jutta auf. Was hatte Jan gesagt, als sie sich kennen lernten? Sie erinnerte sich noch gut an Jans Aussage, dass für ihn Kinder das Wichtigste in einer Ehe seien. Er war damals so weit, sich von ihr zu trennen, wenn sie später keine Kinder haben wollte. Was würde geschehen, wenn …? Sollte sich herausstellen, dass es an ihm liegen würde, wäre es nicht so dramatisch. Aber was käme auf sie zu, wenn sie selbst keine Kinder bekommen könnte? Würde er sich scheiden lassen, um mit einer anderen Frau seinen Traum zu verwirklichen? Auch Jan gestand ihr seine Enttäuschung, seine Wut und seine Fragen.

Wenn Ehepaare keine Kinder bekommen können, kann sich eine deutliche Beziehungsstörung anbahnen. Besonders Frauen können sich in diesen Wunsch richtig hineinsteigern und an nichts anderes mehr denken. Sie fühlen sich nicht als vollwertige Frau und entwickeln Depressionen oder andere psychische Störungen. Dadurch kann dann eine Ehe massiv gefährdet werden.

Manchmal können Ärzte durch Ratschläge, medikamentöse Behandlung oder einfache Eingriffe den Kinderwunsch erfüllen. Aber ich möchte Sie vor einer Befruchtung im Reagenzglas warnen, da der Tod mehrerer befruchteter Eizellen bei diesem Verfahren mit in Kauf genommen oder sogar herbeigeführt wird, was in meinen Augen einem Mord gleichkommt.

Sollte eine Befruchtung auf natürlichem Weg nicht möglich sein, würde ich Gott darum bitten, dass er Ihnen Kinder schenkt – er kann Wunder tun. Wenn er jedoch einen anderen

Plan für Ihr Leben haben sollte, dann bitten Sie ihn um Frieden und Freude für andere Aufgaben. Öffnen Sie sich für neue Aufgabenfelder, die Sie nicht erfüllen könnten, wenn Sie Eltern geworden wären.

Lea und Matthias haben einen 18-jährigen Sohn. Als ich sie neulich besuchte, meinte ich erstaunt zu Lea: „Je älter euer Sohn wird, desto mehr ähnelt er Matthias Bruder.“ Daraufhin antwortete sie: „Ich vertraue dir jetzt ein Geheimnis an. Er ist gar nicht Matthias leiblicher Sohn. Wir konnten keine Kinder bekommen, weil Matthias am Anfang unserer Ehe Mumps hatte, was seine anschließende Unfruchtbarkeit verursacht hat. Da wir aber unbedingt Kinder wollten, haben wir beschlossen, Matthias Bruder zu fragen, ob er bereit wäre, mit mir so lange zu schlafen, bis ich schwanger würde. Er willigte ein. Das weiß niemand außer jetzt dir.“

Einige Ehepartner sind bereit, Ehebruch in Kauf zu nehmen, nur um schwanger zu werden. Bei allen Verletzungen, Enttäuschungen und menschlich verständlichen Wünschen möchte ich Sie jedoch bitten, sensibel dafür zu bleiben, wo Sie die Grenzen, die Gott setzt, überschreiten. Sollten Sie vor eine solche Wahl gestellt werden, dann möge Ihr Gewissen Sie zu diesem Zeitpunkt unruhig machen.

! Keine Kinder bekommen zu können ist eine enorme Belastung und Herausforderung für eine Ehe.

Ganz wichtig ist es in solchen Situationen, das Gespräch mit dem Partner zu suchen und sich nicht in andere Beziehungen verführen zu lassen.

18. Arbeitslosigkeit

Ulrich und Lisa lernten sich im gemeinsamen Studium kennen und lieben. Beide wollten Lehrer werden. Alles lief nach Plan. Doch nach dem Abschluss bekam Lisa mit ihrer Fächerkombination eine Arbeit, während Ulrich keine Schule fand, die ihn einstellen wollte. Also musste er wohl oder übel den Hausmann spielen, derweil sie sich immer mehr in der Schule engagierte und von ihrer Arbeit erfüllt war. Schließlich lebten sie sich immer mehr auseinander. Wo und wann war nur ihre gemeinsame Liebe abhanden gekommen?

Frauke und Georg wohnten mit ihren beiden Kindern auf dem Land. Frauke war zu Hause, während Georg das Geld verdiente. Plötzlich wurde Georg als Fernmeldetechniker gekündigt. Beide waren sprachlos. Nach mehreren Monaten fand Georg eine Arbeit an einem Ort, der eine Stunde entfernt lag. Doch schon in der Probezeit wurde er mit den Worten entlassen: „Sie sind zu langsam." Finanzprobleme, Ehe-Schwierigkeiten und Persönlichkeitskrise waren die Folge.

Arbeitslosigkeit kann für jede Ehe zu einer Zerreißprobe werden. Neben den finanziellen Einschränkungen erlebt der Arbeitslose oft außerdem noch eine Sinn- und Identitätskrise, mit der das Paar irgendwie zurechtkommen muss.

? Kennen Sie Arbeitslosigkeit?
Können Sie miteinander darüber reden?

Georg und Frauke spielten alle Möglichkeiten durch und entschieden sich dafür, dass Frauke in ihren Beruf als Erzieherin zurückging, die zu dieser Zeit händeringend gesucht wurden. Georg kümmerte sich währenddessen um den Haushalt und die Kinder. Nach einem Jahr schließlich begann Georg eine Umschulung. Er hatte sich eingestanden, dass ihm der Beruf des Fernmeldetechnikers nie wirklich Freude bereitet hatte und fand eine Möglichkeit, sich im Computerbereich ausbilden zu lassen.

Sprechen Sie mit Ihrem Partner, um zu verstehen, was in ihm abläuft. Vielleicht ist die Krise eine Chance und Herausforderung zugleich. Manch einer hat sich aus der Not heraus selbständig gemacht und ist heute ein erfolgreicher Geschäftsmann. Manchmal muss man aus dem Nest gestoßen werden, um zu merken, dass man fliegen kann. Geben Sie nicht auf. Es gibt noch viele Möglichkeiten. Doch auch in einer solchen Situation ist es wichtig, sich nicht gegenseitig die Schuld zuzuschieben, und den Partner womöglich in die Arme eines anderen zu treiben, der vermeintlich mehr Verständnis aufbringt.

19. Midlife-Krise und Älterwerden

Wie steht es mit dem Versprechen: „Ich will dir treu sein in jungen wie in alten Jahren." So könnte man das Treueversprechen vielleicht umformulieren. Haben Sie bei der Hochzeit gesagt, dass Sie in guten und bösen Tagen bei Ihrem Partner bleiben wollen? Wie sieht es denn aus, wenn bei Ihnen die ersten grauen Haare und Falten zu sehen sind, das Laufen nicht mehr so klappt und die Zähne durch künstliche ersetzt werden müssen?

Achim ist Mitte 40, glücklich verheiratet, Vater von vier Kindern und erfolgreich im Beruf. Während eines Urlaubs gesteht er seiner Frau Helen: „Mich quälen manchmal Selbstmordgedanken. Ich weiß auch nicht warum. Ich denke immer häufiger daran, wie es wäre, wenn ich morgens nicht mehr aufwachen müsste. Die Arbeit macht mir keine Freude mehr. Es ist alles so anstrengend. Selbst das Fußballspielen mit meinen Söhnen raubt mir meine letzten Kräfte."

Bei Männern stellt sich in solchen Zeiten oft das Gefühl ein: „Das kann doch nicht alles gewesen sein." Sie bäumen sich gegen das Älterwerden auf und testen noch einmal ihre Attraktivität bei jungen Frauen aus. Sie fühlen sich dann geschmeichelt, wenn ihre grauen Schläfen Eindruck machen und träumen von einem 2. Frühling. Sie beweisen sich auf diese Weise, dass sie noch nicht zum alten Eisen gehören und nehmen einen Seitensprung mit den anschließenden Scherben in Kauf.

Bei Frauen liegt der Auslöser der Midlife-Krise hingegen woanders:

Maria und Klaus sitzen sich in einem netten Restaurant gegenüber. Plötzlich bricht es aus Maria heraus: „Klaus, es muss etwas passieren. Mir fällt die Decke auf den Kopf. Die Kinder brauchen mich nicht mehr. Sie sind alle schon so selbständig und gehen jeden Nachmittag ihre eigenen Wege. Kann ich nicht wieder arbeiten gehen? Vielleicht halbtags. Ich muss das Gefühl haben, noch gebraucht zu werden."

Wenn die Kinder größer werden, kann die Sinnfrage besonders für eine Frau brennend aktuell werden und jede Veränderung wird als eine Bedrohung erlebt. Für viele auch berufstätige Frauen dreht sich neben der Arbeit alles um die Kinder. Sie merken oft erst, wenn die Kinder älter werden, dass sie in dieser Zeit sowohl ihre Freunde als auch ihre Hobbys vernachlässigt haben. Stellen Sie sich deshalb die Frage:

? Wer bin ich ohne meine Kinder?

Wie schaffe ich den Loslösungsprozess von ihnen? Wie bewältige ich die Ängste um die Zukunft meiner Kinder? Um diese Frage kreisen die Gedanken. Sie können zu einem Strudel werden, der einen in die Tiefe der Trauer zu ziehen scheint.

Und nicht zuletzt ist auch das Nachlassen der eigenen Kräfte für jeden Menschen zunächst beängstigend. Wenn dann einer der Partner in eine Krise gerät, wird auch das Ehe-System wacklig. Wichtig ist nun in einer solchen Lebensphase, dass der „stabile" Ehepartner mitfühlend zuhört und dass gemeinsam an einer Lösung gearbeitet wird.

? Können Sie offen mit Ihrem Partner über solche Gedanken reden?

Als Ärztin habe ich mittlerweile schon viel zu viele Ehepaare erlebt, die voreinander schauspielerten und nicht miteinander über ihre Ängste sprachen. Bitte lassen Sie das Gespräch nicht abreißen und gehen Sie liebevoll miteinander um. Seien Sie großzügig, wenn der Partner durchhängt, signalisieren Sie ihm immer wieder Gesprächsbereitschaft und ermutigen Sie ihn.

In dieser Phase des Lebens ist es wichtig, eine neue Lebensstrategie und -philosophie zu entwickeln. Investieren Sie in Ihre Ehe. Besuchen Sie zum Beispiel ein Seminar mit dem Thema: „Ehe in der 2. Lebenshälfte", auf dem Sie andere Ehepaare in der gleichen Situation kennen lernen. Profitieren Sie von den Erfahrungen von anderen. Probieren Sie ein neues Hobby aus. Vielleicht erfüllen Sie sich jetzt den Wunsch, einen Zeichenkurs zu besuchen. Aktivieren Sie alte Freundschaften. Treiben Sie Sport oder lernen Sie eine neue Sprache. Das Leben hält noch so viele Überraschungen bereit.

20. Der Glaube

Als letzte Krise möchte ich die unterschiedliche Einstellung zum Glauben erwähnen. Der Glaube hat Einfluss auf alle Lebensbereiche, von der Steuererklärung bis zur Kindererziehung, von den Freizeitaktivitäten bis zu den Finanzen. In der Bibel wird davor gewarnt, sich mit einem ungläubigen Partner zu verbinden, denn man kann davon ausgehen, dass über kurz oder lang dadurch Probleme aufkommen werden. Wenn Sie noch nicht verheiratet sind, möchte ich Sie bitten, diese Warnung sehr ernst zu nehmen, um sich späteres Leid zu ersparen.

Doch selbst, wenn beide Partner Christen sind, kann im Laufe einer Ehe so manches passieren. Es kann zum Beispiel einer dem Glauben eine geringere Priorität geben oder ihn sogar ganz verlassen.

Es kann aber auch passieren, dass zwei Menschen heiraten, die mit dem Glauben wenig zu tun haben und wo sich im Laufe der Zeit einer von beiden für ein Leben mit Gott entscheidet. So wie es Gabi beschreibt, die auf einmal ganz intensiv nach Gott zu fragen begann:

Gabi war plötzlich an einer Leukämie erkrankt. Sie war erst 32 Jahre alt und seit fünf Jahren verheiratet. Auf einer Geburtstagsfeier erzählte sie mir aus ihrem Leben: „Während der Krankheit stellte ich mir die Frage nach dem Sinn des Lebens. Seit meinem zehnten Lebensjahr wusste ich, dass ich Ärztin werden wollte. Leider fielen mir die guten Noten nicht in den Schoß und ich musste sehr viel lernen und auf vieles verzichten. Trotzdem schaffte ich den von der Universität geforderten Notendurchschnitt (Numerus clausus) nicht und studierte in Belgien Medizin, bis ich an die Universität Würzburg wechseln konnte. Jetzt, am Ende dieses langen Weges, stelle ich mir die folgenden Fragen: Bin ich vielleicht dem falschen Ziel hinterhergerannt, wenn ich womöglich bis zum Ende meines Lebens krank sein könnte? Was ist denn eigentlich der Sinn meines Lebens? Gibt es einen Gott?

Ich bin in einem gläubigen Elternhaus groß geworden und doch fehlten mir persönliche, konkrete Gebetserhörungen und die tiefe in-

nere Gewissheit, dass Gott mich liebt. So lag ich in meinem Krankenzimmer und betete: ‚Gott, wenn es dich gibt, dann lass mich dich erfahren, lass mich wissen, dass meine Gebete nicht an der Decke kleben bleiben, schick mir Menschen, die dich kennen.'

Mein Mann ist in einem katholischen Elternhaus groß geworden, ich in einem evangelischen. Unser bisheriger Versuch, unseren Glauben gemeinsam zu leben, war nicht sehr erfolgreich. In der katholischen Kirche fühlte ich mich während des Glaubensbekenntnisses verletzt, wenn es hieß: Ich glaube an die katholische Kirche ... Mein Mann Bernd hingegen vermisste das Abendmahl im evangelischen Gottesdienst und so endeten unsere Gottesdienstbesuche oft mit Streitgesprächen und Diskussionen über die Unterschiede der Konfessionen. Das Gemeinsame konnten wir nicht sehen.

Dann machte mich eine Verwandte auf überkonfessionelle Gruppen, die sich mit der Bibel beschäftigen, aufmerksam und meinte: ‚Ich glaube, ihr habt nur eine Chance, wenn Ihr eine gemeinsame Basis auf dem Boden der Bibel habt.' So lernten wir die Leiterin eines überkonfessionellen Hauskreises kennen. Obwohl ich alleine um ein Gespräch mit ihr gebeten hatte, lud sie meinen Mann gleich mit ein. Nach anfänglichem Zögern ging er mit und wir erlebten einen sehr guten Abend. Wir waren von dieser Frau tief beeindruckt, die trotz ihres Glaubens mit beiden Beinen auf dem Boden stand. Die angenehme Atmosphäre in ihrem Haus und ihre Gastfreundschaft beschäftigten uns noch eine ganze Weile. In den nächsten Monaten traf ich mich öfter mit ihr und Bernd ließ mich hingehen.

Nach einem Jahr hatte ich den Wunsch, ein fünftägiges Seminar zu besuchen, wo ich mir Gewissheit verschaffen wollte, ob ich mein zukünftiges Leben mit oder ohne Gott führen wollte. Bernd hatte Bedenken und wollte auf gar keinen Fall, dass ich alleine hinfuhr. ‚Wer weiß, vielleicht kommst du dann als rosa Kaninchen wieder. Wer ahnt schon, was die mit dir machen. Nein, entweder ich fahre mit, um auf dich aufzupassen, oder du fährst nicht', waren seine Worte. So fuhren wir gemeinsam auf diese Tagung.

Spannung lag in der Luft. Was würde aus unserer Ehe werden, wenn sich einer von uns radikal für den Glauben an Gott entscheiden würde und der andere nicht? Wir hörten viele Referate und Erfahrungsberichte und dann geschah etwas, was niemand erwartet hatte. Mein Mann traf vor mir die Entscheidung, dass er den Weg mit Gott gehen wollte. Einen halben Tag später war ich dann auch so weit, mein Leben unter Gottes Führung zu stellen.

Wieder zu Hause machte ich im Alltag viele kleine Erfahrungen mit Gott, während sich der Glaube meines Mannes mehr im Kopf abspielte. Wieder traten Spannungen auf. Später gestand er mir, dass er auf meine Erfahrungen immer eifersüchtiger wurde. Da wir beide so leben wollten, wie es in der Bibel beschrieben ist, fanden wir im Gespräch, im Gebet und in gegenseitiger Vergebung immer wieder einen Weg zum Neuanfang.“

Viele Ehepaare haben nicht das Glück, gemeinsam einen Weg im Glauben zu finden. Das kann oft zu Krisen führen.

Wenn Ihr Partner Christ ist und Sie nicht, möchte ich Sie bitten, immer wieder mal in den Gottesdienst mitzugehen oder wenigstens zu den offenen Veranstaltungen der Gemeinde. Sprechen Sie miteinander über Ihre Bedenken, Sorgen und Erfahrungen und sagen Sie Ihrem Partner, was Ihnen schwer fällt. Nehmen Sie seine Freunde trotzdem ernst und akzeptieren Sie ihn. Und bitte reden Sie nicht abfällig vom Glauben.

Wenn Sie Christ sind und Ihr Partner nicht, dann beten Sie für Ihren Partner. Bitten Sie Gott um Kraft, Ihrem Partner liebevoll begegnen zu können. Das ist meist ein Schlüssel, damit der eigene Partner den Weg zu Gott findet, manchmal allerdings erst spät.

Versuchen Sie Ihr Christsein praktisch zu leben, sodass er durch Ihr Beispiel für den Glauben gewonnen wird. Begegnen Sie seinen Bedürfnissen. Geben Sie die Hoffnung nicht auf, dass Ihr Partner Jesus Christus finden wird. Sprechen Sie in weiser und liebevoller Art mit ihm und akzeptieren Sie seine Grenzen.

Krisenmanagement

Jetzt haben Sie eine ganze Reihe von Krisen kennen gelernt und es stellt sich die Frage: „Kann man Krisen umgehen?“ Oder wenn man sie nicht umschiffen kann: „Gibt es Hilfen, die einen auf die Krisen vorbereiten und einem helfen, sie zu meistern?“

In der Zahnheilkunde gibt es den Slogan: „Vorbeugen ist besser als bohren.“ Auch für die Ehe gilt, dass Sie viel dafür tun können, Krisen vorzubeugen. Als Erstes möchte ich anregen, dass Sie Bücher zum Thema Ehe lesen und mit anderen Ehepaaren reden, um zu erfahren, wo mögliche Stolpersteine liegen können. Das Ziel ist dabei, Krisen schon im Ansatz zu erkennen und sie ernst zu nehmen. Als Nächstes ist es unbedingt wichtig, mit dem Ehepartner zu sprechen und gemeinsam eine Konfliktstrategie zu entwickeln. Und wenn Sie alleine keine Lösung finden, gibt es immer noch die Möglichkeit, andere um Rat zu bitten.

Sich durch Bücher vorbereiten

Wenn Sie dieses Buch schon bis hierhin gelesen haben, haben Sie bereits begonnen, sich auf mögliche Probleme vorzubereiten, die Sie von Ihrem Partner entfernen könnten. Wichtig bei allem, was Sie lesen, ist es, zu versuchen, das Gelesene auf die eigene Situation zu übertragen und dann auch anzuwenden. Der Wunsch zur Veränderung ist die Basis, dass Ihre Ehe an Tiefe gewinnt. Es gibt viele sehr gute Ehe-Ratgeber, die Sie auf die Ehe vorbereiten oder wenn Sie schon verheiratet sind, Ihnen Tipps geben, Krisen zu meistern. Es ist wichtig, sich über die Unterschiedlichkeit von Mann und Frau und ihre Probleme in der Kommunikation miteinander zu informieren. Eigentlich kann man für fast alle auftretenden Schwierigkeiten das passende Buch finden.

Manche Ehepaare studieren solche Bücher auch gemeinsam, indem sie sich gegenseitig Kapitel für Kapitel vorlesen und darüber sprechen. Oft ist es jedoch die Frau, die zunächst ein Buch liest. Lassen Sie sich nicht entmutigen, wenn Ihr Mann ein Lesemuffel ist. Wenn er an Ihnen die Veränderung sieht, wird er vielleicht neugierig und wird das Buch selbst lesen. Eine andere Möglichkeit, Männer zum Lesen zu bringen, ist, sie darum zu bitten nach dem Motto: „Schatz, mir würde es sehr viel bedeuten, wenn du dieses Buch oder vielleicht auch nur dieses Kapitel lesen würdest." Wenn alles nichts hilft, dann erzählen Sie ihm einfach den Inhalt.

Zu Beginn des Buches schrieb ich: „Mein Wunsch ist es, dass Sie mit diesem Buch richtig arbeiten." Haben Sie damit bereits begonnen? Falls nicht, können Sie jetzt damit anfangen, indem Sie einfach die Überschriften der einzelnen Krisen noch einmal durchgehen und sich fragen, welche Krise könnte unsere Ehe gefährden und was möchte ich konkret dagegen tun?

Krisen erkennen und ernst nehmen

Seien Sie ehrlich zu sich selbst und nehmen Sie Ihre Wahrnehmungen ernst. Wenn Sie empfinden, dass in Ihrer Beziehung Sand im Getriebe ist, dann versuchen Sie herauszufinden, woran es liegt.

Anja ist mit Peter verheiratet. Irgendwie ist sie in letzter Zeit unzufrieden mit ihrer Beziehung. „Was ist nur los", denkt sie. Es fällt ihr auf, dass Peter in letzter Zeit nur noch seine Arbeit im Kopf hat. Bevor sie an eine Aussprache herangeht, stellt sie sich einige Fragen:

- *Ist er objektiv gesehen mehr Stunden von zu Hause weg als vorher?*
- *Was stört mich daran und warum stört es mich?*
- *Fühle ich mich vernachlässigt?*
- *Habe ich Angst, dass er gar nicht arbeitet, sondern dass eine andere Person im Spiel ist?*

- *Weiß ich, warum es so ist? Steht er vielleicht im Moment unter einer Mehrbelastung, weil mehr Aufträge anfallen?*
- *Habe ich vielleicht schon vor der Ehe gewusst, dass er sehr viel arbeitet und es stört mich erst jetzt?*
- *Hat meine Unzufriedenheit vielleicht gar nicht unbedingt mit Peter zu tun, sondern mit mir, da ich mich gerade in einer schwierigen Situation befinde?*

Es ist sehr wichtig, sich genau zu fragen, was mich stört, bevor ich das Gespräch mit meinem Gegenüber suche. Meistens ist das ungute Gefühl ein Mosaik aus verschiedenen Komponenten. Man fühlt sich nicht wohl, hat selber gerade Stress im Beruf oder zu Hause mit den Kindern und auf einmal fällt einem auf, dass der Partner nicht greifbar ist. Jetzt bräuchte man seine Streicheleinheiten am meisten und nun wird einem plötzlich bewusst, dass er so viel arbeitet.

Anja erinnerte sich an Peters Worte, dass der November immer der härteste Monat im Job sei und ihr wurde klar, dass sie selber gerade Stress mit ihrem Chef hatte. So plante sie für den Dezember ein romantisches Wochenende mit Peter und für die eigene Arbeitssituation eine Aussprache mit ihrem Chef. Nachdem sie diese Entscheidungen getroffen hatte, ging es ihr schon viel besser.

Wenn Sie selbst keine Lösung für die Krise finden, ist es sehr wichtig, mit Ihrem Partner darüber zu reden, bevor Sie alle möglichen Phantasien in Ihrem Kopf herumturnen lassen. Sprechen Sie mit Ihrem Partner, aber bereiten Sie das Gespräch gut vor.

Das Gespräch mit dem Ehepartner suchen

Um zu erfahren, was den Partner gerade beschäftigt, was ihn freut und ärgert, ist es ratsam, sich jeden Tag wenigstens 15 Minuten miteinander auszutauschen. Vielleicht schmunzeln Sie jetzt und denken 15 Minuten ist ja gar nichts. Doch führen

Sie mal 4 Wochen lang ehrlich Buch: Wie viel Zeit verbringen Sie damit, zu erfahren, was Ihren Partner wirklich beschäftigt? Läuft Ihre Kommunikation nicht auch auf Sparflamme? Oft wird die Zeit mit Organisieren gefüllt und man lebt sich auf diese Weise langsam auseinander. Nehmen Sie sich für die nächsten 4 Wochen einmal vor, jeden Tag, am besten direkt nach der Arbeit, eine Viertelstunde bei einer Tasse Tee oder Kaffee miteinander auszutauschen, wie der Tag gelaufen ist.

Diese Zeit kann später auch dann und wann dazu genutzt werden, die kleinen Unstimmigkeiten im Ehe-Alltag zu bereinigen. Doch wenn Sie eine größere Krise ansprechen wollen, würde ich Ihnen raten, entweder einen Spaziergang zu machen oder an einen ruhigen Ort zu gehen, wo Sie ungestört miteinander reden können.

Bereiten Sie sich darauf gut vor. Versuchen Sie ruhig zu sprechen und erst Fragen zu stellen nach dem Motto: Habe ich es richtig beurteilt? Und versuchen Sie zu erläutern, wie Sie die Situation empfinden.

Anja könnte im obigen Beispiel zu Peter sagen: „Du kommst in letzter Zeit viel zu spät nach Hause. Du lässt mich mit allem allein.“ Oder „Ich empfinde, dass du in letzter Zeit viel zu spät nach Hause kommst. Stimmt das? Ich fühle mich dadurch allein gelassen.“ Die ersten Sätze nennt man Du-Sätze, die zweiten Ich-Sätze. Bemühen Sie sich in Ich-Sätzen zu reden. Das ermöglicht dem Anderen, erst mal darüber nachzudenken, ob eine Situation wirklich so ist und drängt den Partner nicht gleich in die Verteidigungsrolle. Dann bleibt für ihn offen, etwa folgendermaßen zu antworten. „Du empfindest das vielleicht, aber es ist nicht so.“ Oder „Ja, du hast Recht. Es tut mir Leid. Das will ich nicht.“

Vermeiden Sie Anklagen. Manchmal ist es besser, zunächst etwas Gutes über den Partner zu sagen, als gleich Vorwürfe loszuwerden. Räumen Sie ein, selber auch Schuld an der Entwicklung Ihrer Beziehung zu haben.

Vielleicht denken Sie jetzt: „Reden ist Silber, Schweigen ist Gold.“ Manchmal ist das bestimmt richtig. Man muss nicht immer alles ausdiskutieren und durch sein Reden kann man auch viele Verletzungen erst verursachen. Aber wenn Sie aus reiner Angst ständig schweigen, wird sich das unweigerlich ungünstig auf Ihre Ehe auswirken.

! Das Schweigen kann eine Ehe genauso an den Rand bringen, wie das laute und unfaire Streiten, in dem ein Partner stets auf Kosten des Anderen versucht, Recht zu bekommen.

Weil nun aber jede Meinungsverschiedenheit, die kontrovers diskutiert wird, bereits ein Streit ist, sollte dieser auch unbedingt ausgetragen werden. Denn es ist nicht gut, wenn beide Parteien mit ungelösten Problemen leben müssen. Doch auf jeden Fall sollte es dabei fair zugehen.

Sollten Sie jedoch nie gelernt haben, wie man sich richtig streitet, dann besteht auch hier Hoffnung, denn faires Streiten kann man lernen. Es gibt gute Bücher und Eheseminare, durch die man verstehen lernt, wann eine Diskussion unfair wird und welche Worte man am besten meiden sollte.

In dem nun folgenden Beispiel zeigen uns Martin und Maria, wie es ganz schnell zu einem massiven Streit kommen kann:

Martin kommt spät nach Hause und lässt seine Schuhe mitten im Hausflur stehen. Als Maria ihn begrüßen will, stolpert sie über die Schuhe und schimpft: „Nie kannst du die blöden Schuhe in den Schuhschrank räumen. Wann lernst du es denn endlich?“

„Lass mich mit deinen Erziehungsmaßnahmen in Ruhe. Ständig nörgelst du an mir rum. Ich bin müde und hatte einen anstrengenden Tag.“

„Meinst du nicht, dass ich nicht auch müde bin? Die Kinder haben den ganzen Tag genervt, weil wir wegen des Regens im Haus bleiben mussten.“

So schaukeln sich die zwei in die Höhe, bis Maria am Schluss zornig sagt: „Ich hätte dich nicht heiraten sollen.“

Man kann diese unverhältnismäßige Steigerung der Vorwürfe auch Streitspirale nennen. Viele Auseinandersetzungen enden aus Unkenntnis über „Faires Streiten“ oft auf diese Weise. Wie aber wäre dieser Streit fair abgelaufen?

Martin hätte sagen können: „Ja, es tut mir Leid, ich habe die Schuhe wieder nicht in den Schrank gestellt. Bitte mach mir jetzt keine Szene, denn es geht mir heute nicht so gut. Ich räume die Schuhe gleich weg.“

Oder Maria hätte fragen können: „Martin, wie geht es dir?“ Und nachdem Martin ihr von seinem Kummer erzählt hätte, wäre immer noch Zeit dafür gewesen, anzumerken: „Es verletzt mich, wenn du deine Schuhe nicht wegräumst, weil ich mich von dir dann nicht ernst genommen fühle.“

? Was löst das Wort Streit bei Ihnen aus?
Können Sie fair streiten?

Für mich bedeutet faires Streiten:

- beim Thema bleiben,
- Ich-Sätze statt Du-Sätze verwenden,
- in Auseinandersetzungen nicht auf Vorkommnisse und Verletzungen aus der Vergangenheit zurückgreifen,
- dem Anderen nicht vorsätzlich wehtun,
- nicht schreien,
- Verallgemeinerungen wie *immer* und *nie* meiden,
- Fehler zugeben,
- sich bewusst gegen die Streitspirale entscheiden und den Streit lieber abbrechen.

Nur wenige Menschen streiten gerne, doch Streit gehört zu unserem Leben dazu. Denn wenn zwei Menschen zusammenleben, gibt es unweigerlich Auseinandersetzungen. Selbst in einer noch so guten Ehe kommt es zu Missverständnissen, Verletzungen und unterschiedlichen Meinungen. Und weil der andere nun einmal keine Gedanken lesen kann, müssen Sie mit ihm sprechen. Ja, und je jünger eine Beziehung ist, desto mehr ist sie auf ein liebevolles gegenseitiges Hinterfragen angewiesen, nach dem Motto: „Habe ich das eben richtig verstanden?"

Wie Sie in den einzelnen Krisensituationen vorgehen können, habe ich im Einzelnen bereits erläutert. Sollten Sie in die eine oder andere Konfliktsituation geraten, können Sie ganz gezielt noch einmal dort nachlesen.

Das Gespräch mit anderen

Wir Menschen sind von Natur aus so angelegt, dass wir sehr viel durch Nachahmen lernen. Wir lernen das, was wir bei anderen sehen. So ist es sehr hilfreich, sich auch in Bezug auf die eigene Ehe Vorbilder zu suchen.

Matthias und Barbara sind seit zwei Jahren miteinander verheiratet. Matthias berichtet: „Wir haben uns in der Verlobungszeit mit einem Ehepaar getroffen, das schon fünf Jahre verheiratet war und das uns von seinen Krisen erzählt hat. So dachten wir nicht bei jeder Meinungsverschiedenheit, dass nur wir dieses Problem hätten. Manchmal haben wir in bestimmten Situationen auch noch nach unserer Heirat bei diesem Ehepaar angerufen."

Schauen Sie sich nach Ehepaaren um, die schon länger miteinander verheiratet sind als Sie und bitten Sie sie um Rat. Ich möchte Ihnen Mut machen, andere Menschen ins Vertrauen zu ziehen.

Einmal fragte mich eine junge Frau, ob ich ihre Trauzeugin werden würde. Wir hatten uns jedoch erst kurz vorher kennen gelernt. Auf meine etwas verwunderte Frage, warum sie nicht ihre beste Freundin oder eine ihrer Schwestern wählen würde, sagte sie: „Ich suche eine Trauzeugin, die mir bei meiner Ehe helfen kann, wenn ich nicht weiterweiß. Deshalb habe ich Gott gebeten, mir eine solche Frau zu zeigen und dann habe ich an Sie gedacht." Aus dieser Beziehung wurde eine lebensbegleitende Freundschaft.

Die eigenen Eltern sind oft emotional zu sehr beteiligt, um Ratschläge zu geben, die die junge Generation dann auch gerne annimmt. Aber vielleicht kennen Sie jemanden, von dem Sie gute Tipps erfragen können. Ich selbst habe immer wieder gerne mit der Schwester meiner Mutter, die auch gleichzeitig meine Patentante war, über Schwierigkeiten in meiner Ehe geredet.

Sehr hilfreich ist auch zu viert, als zwei Ehepaare, über konkrete Probleme zu sprechen. Jeder Ehepartner hat dann die Möglichkeit, seine Sicht der Dinge vorzutragen und zwei Menschen, die selber emotional von dem Problem unberührt sind, können sagen, wo sie den Knackpunkt vermuten und somit neue Wege eröffnen. Jeder von uns ist von seiner Kindheit her geprägt und so schleppen wir viele Verhaltensformen mit uns herum, die uns selbst gar nicht bewusst sind. Oft sieht deshalb ein Außenstehender sehr schnell, warum es immer an demselben Punkt zum Streit kommt. Schon das Wissen darum, ist der erste Schritt in Richtung Veränderung.

Aber auch der Ratschlag von Frau zu Frau oder Mann zu Mann kann helfen, Krisen zu überwinden.

Christa bekam ihr erstes Kind. Als sie vier Wochen nach der Entbindung nur noch weinte, rief sie verzweifelt ihre Freundin Sonja an.

„Bitte doch deine Schwiegereltern, mit dem Kleinen spazieren zu gehen, damit du neue Kräfte tanken kannst. Genau zu wissen, dass in den nächsten zwei Stunden kein Baby schreien kann, wird dir sicher genügend Ruhe zum Schlafen geben. Und das wirkt Wunder", wusste Sonja aus eigener Erfahrung.

Überglücklich meldet sich Christa zwei Wochen später wieder bei ihr und berichtet, dass die Großeltern gerne helfen würden. Sie hätten sich nur nicht aufdrängen wollen. Sie hätten vereinbart, dass sie jeden Donnerstagvormittag kommen würden und Christa kann sich währenddessen entweder ausruhen, etwas für sich tun oder den Haushalt in Schwung bringen. Manchmal würde die Schwiegermutter sogar Bügel- oder Flickwäsche mitnehmen.

Als Letztes möchte ich Sie ermutigen, Eheseminare zu besuchen, die sowohl konfessionsgebunden als auch überkonfessionell angeboten werden. Eheseminare sind nicht nur etwas für Leute, die kurz vor der Scheidung stehen. Sie sind für jeden, der seine Beziehung vertiefen möchte.

Wir persönlich haben während solcher Wochenendseminare sehr viel gelernt. Planen Sie rechtzeitig ein Seminar ein, nicht erst, wenn es zu spät ist.

Zusammenfassung

Zum Schluss dieses Kapitels möchte ich die wichtigsten Punkte noch einmal zusammenfassen.

Tipps, wie man Krisen überwinden kann:

- sich mit Hilfe von Literatur oder durch Gespräche mit Freunden auf mögliche Krisen vorbereiten,
- Krisen erkennen und ernst nehmen,
- das offene Gespräch mit dem Ehepartner suchen,
- eine gemeinsame Konfliktstrategie entwickeln,
- Hilfe von Außenstehenden erbitten.

Erkennen Sie die Krisen, in denen Sie sich gerade befinden und entwickeln Sie als Ehepaar eine Strategie, wie Sie diese Krisen lösen könnten. Wenn Sie dann jedoch alleine keine Lösung finden, suchen Sie Rat bei guten Freunden oder Seelsorgern. Auch Bücher können die richtigen Antworten auf Probleme geben oder fahren Sie auf ein Eheseminar, damit Krisen nur zu einer Herausforderung werden und die Ehe durch sie nicht gefährdet wird.

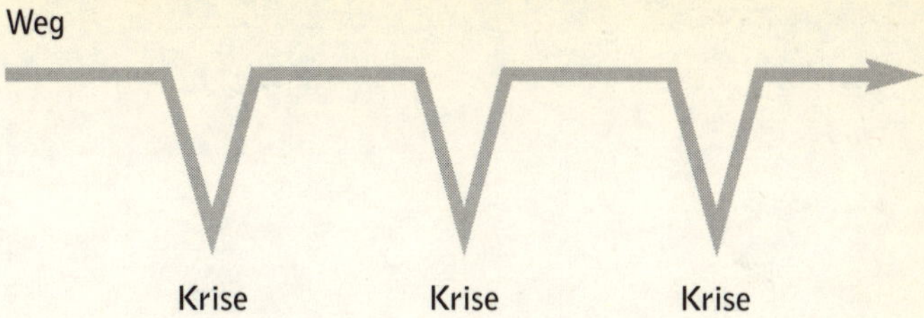

In dem Diagramm wird der normale Lebensweg eines Menschen dargestellt. Zwischendrin sehen Sie immer wieder tiefe Täler, die die Krisen symbolisieren sollen. Auf dem Weg zum Tiefpunkt und wieder hinauf besteht immer die Gefahr, voneinander wegzulaufen. In solchen Situationen muss immer wieder neu die Entscheidung getroffen werden: „Ja, ich will treu bleiben. Ich stehe zu meinem Versprechen. Ich will vergeben und neu anfangen." Wenn man dann letztendlich eine Krise gemeistert hat, ist die Ehe reifer geworden in der Gewissheit, auch noch größere Herausforderungen bestehen zu können.

Sehen Sie Krisen nicht primär als etwas Negatives, sondern eher als eine Chance, zusammenzuwachsen und damit eine stabilere Beziehung zu bekommen.

In unserem Flur hängt folgender Spruch: „Herr gib mir die Gelassenheit, Dinge hinzunehmen, die ich nicht ändern kann. Herr gib mir den Mut, Dinge zu ändern, die ich ändern kann und gib mir die Weisheit, das eine vom anderen zu unterscheiden."

Ich wünsche allen Ehepaaren, die in einer Krise stecken, dass sie den obigen Spruch beherzigen.

Kurz & knapp

- ✔ Stellen Sie sich auf Krisen in Ihrer Ehe ein.
- ✔ Beurteilen Sie Krisen nicht von vornherein als negativ.
- ✔ Jede Krise beinhaltet die Chance näher zusammenzuwachsen.
- ✔ Bereiten Sie sich durch Bücher und Gespräche mit anderen auf mögliche Krisen in Ihrer Beziehung vor.
- ✔ Erkennen Sie Krisen in Ihrer Partnerschaft.
- ✔ Sprechen Sie mit Ihrem Partner über Ihre Gefühle, Wünsche, Ängste, Sorgen und Lösungsvorschläge.
- ✔ Nehmen Sie Hilfe von außen in Anspruch: Bücher, Ehe-Seminare, Seelsorge.

Liebe, die ankommt

Im Alltag erleben wir oft, dass wir aus Liebe zum Partner Geschenke kaufen oder anderweitig Zeit investieren, ohne dass diese Liebe das Innere des anderen wirklich erreicht. Die Liebe scheint nicht anzukommen, ohne dass wir verstehen, warum. In diesem Kapitel möchte ich Ihnen den Schlüssel dafür in die Hand geben, wie Ihre Liebe das Herz des Partners findet.

Als Christine frisch verliebt war, bastelte sie häufig kleine und größere Geschenke für ihren Freund Jo. Als dann die Vorweihnachtszeit kam, erfand sie für ihn sogar eine Geschichte, teilte sie in 24 Abschnitte und machte daraus einen Adventskalender, der noch zusätzlich einige Süßigkeiten enthielt. Doch leider entdeckte sie bei einem Besuch am 17. 12., dass Jo den Kalender seit fünf Tagen nicht geöffnet hatte.

Können Sie sich Christines Enttäuschung vorstellen?

Ähnlich erging es ihr mit einem selbstgestrickten Pullover für ihn. Er lag nur im Schrank und wurde von ihm nicht getragen. Irgendwie schienen ihm ihre Geschenke nicht viel zu bedeuten. Offensichtlich fühlte er sich durch sie nicht mehr geliebt, als wenn er sie gar nicht erst bekommen hätte.

Sie war frustriert und beschloss, stattdessen ihre Zeit in Geschenke für Menschen zu investieren, die ihre Kreativität und Liebe mehr schätzen konnten.

Es dauerte dann leider noch ganze 20 Jahre, bis sie den Schlüssel zu diesem Problem in die Hand bekam, als sie das Buch „Die fünf Sprachen der Liebe" von Gary Chapman las. In diesem Buch vertritt der Autor die These, dass es folgende so genannte „Muttersprachen" der Liebe gibt:

1. *Zweisamkeit – Zeit nur für den Anderen*
2. *Hilfsbereitschaft*
3. *Zärtlichkeit*
4. *Lob und Anerkennung*
5. *Geschenke*

Als Christine dieses Buch las, entdeckte sie, dass sie mit Jo oft die Liebessprache „Geschenke" gesprochen hatte, die aber nicht seine „Muttersprache der Liebe" war. Plötzlich wurden ihr dafür die Augen geöffnet, warum ihre Liebe so oft an Jo vorbeiging. Durch das Studium des Buches entdeckten dann schließlich beide ihre individuellen Liebessprachen und waren ganz überrascht, was für eine neue Tiefe sich in ihrer Ehe entwickelte.

? Fühlen Sie sich von Ihrem Partner geliebt und spürt Ihr Partner Ihre Liebe?

Vielleicht hilft Ihnen auch der Vergleich eines Menschen mit einem Auto. Jeder Mensch hat einen Liebestank, so wie das Auto einen Treibstofftank besitzt. Die Liebe im Liebestank ist die Kraftquelle, die eine Beziehung am Leben erhält und ihn dem Anderen gegenüber treu sein lässt.

Nun gibt es für Autos verschiedene Sorten von Treibstoff, die den verschiedenen Sprachen der Liebe entsprechen. Außerdem gibt es Autos, die einen großen Tank haben und lange fahren können, bevor sie wieder an die Zapfsäule müssen, doch es gibt ebenso andere Autos, die öfter einmal tanken müssen.

Auch beim Menschen beobachten wir ähnliche Unterschiede, wobei die Häufigkeit des Auftankens zum einen vom Alter und zum anderen vom Typ abhängig ist.

Manche Menschen brauchen jeden Tag einen besonderen Liebesbeweis, andere hingegen nur einmal in der Woche oder noch seltener.

? Sind Sie jemand, der eher einen großen oder vielmehr einen kleinen Liebestank besitzt?

Sicher möchten Sie nun wissen, wodurch wir Menschen unseren Liebestank gefüllt bekommen. Im Folgenden möchte ich Ihnen diesbezüglich einiges erklären.

1. Zweisamkeit – Zeit nur für dich

Als erstes möchte ich die Liebessprache der Zweisamkeit beleuchten.

Martins Muttersprache der Liebe ist die Zweisamkeit. Er wünscht sich immer wieder Zeit nur mit seiner Frau Uta alleine. Von ihm kommen deshalb häufig folgende Vorschläge: Sollen wir nicht mal ein Wochenende ohne Kinder wegfahren? Wie wär's, wenn wir heute Abend mal zu zweit spazieren gehen? Wir könnten doch dieses Jahr meine Geburtstagsfeier ausfallen lassen und stattdessen zu zweit Essen gehen?

Wenn Uta mit ihm nun alleine etwas unternimmt, fühlt er sich von ihr besonders geliebt. Dabei ist Martin in seinen Ideen sehr abwechslungsreich. Neulich stand er zum Beispiel plötzlich mit einem Tandem vor ihrer Tür. Martin hatte es sich von den Nachbarn ausgeliehen und lud so seine Frau zu einer außergewöhnlichen Fahrradtour ein. Im Sommer fahren sie hin und wieder auf ihren Fahrrädern zum nächsten Biergarten, um im Freien die Zeit zu zweit zu genießen oder sie gehen miteinander an einem romantischen Fluss spazieren. Ab und zu probieren sie auch ein neues Restaurant aus.

Eigentlich ist Martin ein sehr flexibler Mensch, nur nicht an ihrem Ehe-Abend. Wenn an so einem Abend etwas Unvorhergesehenes geschieht und sich dadurch der Beginn der gemeinsamen Zeit verzögert oder der Abend sogar verschoben werden muss, kann er sich sehr ärgern. Besonders verletzt ist er, wenn Uta das gemeinsame Ausgehen hinauszögert, indem sie noch telefoniert oder mit den Kin-

dern erst einige Dinge bespricht, die sie aus seiner Sicht mit ihnen auch bei einer anderen Gelegenheit erörtern könnte. Uta kann dann seine Hektik überhaupt nicht verstehen, da er zu anderen Gelegenheiten auch nicht gerade der Pünktlichste ist.

Einmal gab Martin seiner Frau eine Liste mit Dingen, die sie für ihn erledigen sollte. Stolz präsentierte sie ihm abends die abgearbeitete Liste. Doch als sie ihm gleichzeitig berichtete, dass sie nun zu müde sei, um mit ihm noch auszugehen, meinte er enttäuscht: „Dann hättest du besser nicht alle Dinge erledigt. Begreifst du denn immer noch nicht, wie wichtig mir diese Zeit zu zweit ist?"

Doch jetzt hatte Uta es verstanden, seine traurigen Augen sprachen Bände.

Hat sich denn in den nächsten Wochen etwas geändert, werden Sie vielleicht fragen?

Ja, Uta versucht seitdem, sich an den Tagen, für die sie einen Ehe-Abend planen, nicht auszupowern. Sie lässt jetzt die Arbeit, bei der sie unter Stress gerät, einfach liegen. Es ist Martin wichtiger, dass sie sich auf den Abend mit ihm freut, als dass das Haus tipptopp aufgeräumt und geputzt ist.

? Können Sie sich in die Problematik von Uta und Martin hineinversetzen?

2. Hilfsbereitschaft

In dem nun folgenden Abschnitt geht es um die Muttersprache der *Hilfsbereitschaft*. Hiermit ist nicht gemeint, dass Sie gerne Hilfe anbieten, sondern dass Sie sich geliebt fühlen, wenn Ihr Partner oder andere Menschen Ihnen helfen.

Katharina hat die Muttersprache der „Hilfsbereitschaft" und erzählte mir von ihrer Not: „Wir essen normalerweise gegen 18:00 Uhr zu Abend. Immer wieder habe ich meinen Mann Werner gebeten, rechtzeitig nach Hause zu kommen, damit wir zusammen essen und anschließend gemeinsam unsere Kinder zu Bett bringen können. Vor einiger Zeit hatte ich mit den Kindern bereits alleine gegessen und die Kleineren ins Bett gebracht, als Werner gegen 19:00 Uhr mit einer Rose in der Hand zu Hause eintrudelte. Doch als er mir die Blume mit einem Kuss überreichen wollte, zischte ich nur: ‚Die kannst du dir an den Hut stecken. Soll die Rose der Lohn dafür sein, dass ich die ganze Arbeit alleine machen musste?'

Auch seine Erklärung, dass er noch in der Stadt herumgefahren war, um mir diese Blume zu kaufen, linderte meine Enttäuschung und meine Wut nicht.

‚Ich will keine Geschenke, ich will deine Hilfe! Ich fühle mich von dir alleine und im Stich gelassen. Auch an meinem Geburtstag brauche ich keine Geschenke, mir ist es viel lieber, wenn du mir hilfst, meine Gäste zu bewirten.'

Wie oft schon hatte ich ihm das gesagt und es schien zum einen Ohr rein und zum anderen wieder raus zu gehen. Würde sich denn nie etwas ändern?"

Katharina erlebte noch eine ganze Reihe von Gelegenheiten, bei denen sie sich eine andere Art des Liebesbeweises von ihrem Mann gewünscht hätte, so auch in der folgenden Situation:

„An meinem 40. Geburtstag", beginnt Katharina ihre Geschichte, „überraschte mich Werner mit folgender Nachricht: ‚Ich habe in

einem kleinen italienischen Restaurant einen Tisch für zwei Personen bestellt und in etwa 10 Minuten kommt ein Babysitter.'

Als der Babysitter kam, hatte ich mich immer noch nicht von dem Schock erholt. Wie schlecht kannte mich mein Mann eigentlich? Darauf hatte ich jetzt überhaupt keine Lust. Ich träumte davon, mit der ganzen Familie gemeinsam zu essen und anschließend noch etwas mit unseren Kindern zu spielen. Anschließend wünschte ich mir von Werner, dass er die Kinder alleine ins Bett bringen würde, während ich mich gemütlich ins Wohnzimmer setzen und meine Geburtstagstelefonate in Empfang nehmen wollte.

Der Babysitter fing an zu schwärmen: ‚So einen Mann wünsche ich mir auch einmal, der mich mit einem Abend zu zweit überrascht.' Auch die Kinder konnten gar nicht verstehen, warum ich denn so unglücklich war. Auf Drängen von allen Anwesenden überließ ich schließlich mein liebevoll vorbereitetes Essen den Kindern und ging mit. Es wurde ein schöner Abend, aber richtig genießen konnte ich ihn nicht.

Heute weiß ich, warum. Werner hatte seine Muttersprache der Zweisamkeit auf mich projiziert und sich überlegt, was er sich selbst zu seinem 40. Geburtstag wünschen würde.

Damals hatte ich das komische Gefühl in der Magengegend, dass etwas mit mir nicht stimmt, da viele Frauen meine Reaktion nicht nachvollziehen konnten. Wie gut, dass ich mich jetzt selbst verstehen kann, seitdem ich weiß, dass meine Muttersprache der Liebe die Hilfsbereitschaft ist."

Ich möchte Sie bitten, einmal zu überlegen, wann Sie zwar glauben, Ihrem Partner eine Freude zu machen, aber in Wirklichkeit sich selbst beschenken.

„Erst als Werner von den Muttersprachen der Liebe hörte, konnte er nachvollziehen, was in mir vorging. Er verstand mich zum ersten Mal und begann, mir zu helfen. Heute Mittag sagte er zum Beispiel: ‚Lass nur, ich räume gleich die Spülmaschine aus.' Solche Worte sind Musik in meinen Ohren. Wenn ich sie höre, fühle ich mich geehrt und geliebt.

Nachdem ich herausgefunden habe, warum ich mich über manche Dinge einfach nicht freuen kann, habe ich beschlossen, immer wieder davon zu reden, was mich glücklich macht. Schon heute sage ich meinen Kindern, dass sie später – wenn sie einmal aus dem Haus sind – nicht wochenlang durch die Stadt laufen sollen, um für mich ein Geburtstagsgeschenk zu suchen. ‚Schreibt mir lieber einen Gutschein für einmal Rasen mähen, einmal Kuchen backen oder einmal Hausputz. Das erfüllt mein Herz immer mit Freude.'"

? Ist auch Ihre Muttersprache der Liebe die Hilfsbereitschaft?

3. Zärtlichkeit

Die Liebessprache Zärtlichkeit sollten Sie nicht mit der Sehnsucht nach sexueller Vereinigung verwechseln. Sie beinhaltet einzig den Wunsch nach körperlicher Nähe und das Bedürfnis, berührt und gestreichelt zu werden.

Nun können manche Menschen nicht genug davon bekommen, bei ihrem Partner im Arm zu liegen und gekrault zu werden. Andere jedoch gehen lieber auf Abstand und denken: *Was hat der Andere jetzt schon wieder vor? Will er mehr von mir, als ich zur Zeit geben will?*

Ich möchte Ihnen Mut machen, über Ihre gegenseitigen Empfindungen miteinander zu reden, damit es nicht zu Missverständnissen kommt, geschweige denn dazu, dass sich einer von beiden seine Zärtlichkeit woanders sucht, als bei seinem Ehepartner.

? Können Sie Zärtlichkeit genießen? Suchen oder meiden Sie den Körperkontakt mit Ihrem Partner?

Michael liebt Schmusen bei Kerzenschein. Er wünscht sich, dass Maria diese romantische Atmosphäre für sie beide vorbereitet. Doch Maria hat keine romantische Ader. Wenn Michael andere Ehepaare beobachtet, hat er immer den Eindruck, dass dort die Frau für die Stimmung sorgt. Aber Maria lässt diesbezüglich keinerlei Initiative erkennen. Nie streichelt sie Michael mal über den Rücken oder einfach mal durchs Haar. Michael hat keine Lust, Maria um jede kleine Streicheleinheit anzubetteln und er fühlt sich abgelehnt, einsam und ungeliebt. Also zieht er sich immer mehr in sein Schneckenhaus zurück.

Maria hingegen holt sich ihre Schmuse- und Kuscheleinheiten bei den beiden gemeinsamen Kindern und da sie im Moment sowieso keine Lust auf sexuelle Vereinigung hat, ist es ihr ganz recht, das Michael sich etwas kühler verhält.

„Ich halte das nicht mehr aus", beklagt sich Michael bei einem Freund. „Bei uns ist zur Zeit Eiszeit. Es läuft überhaupt nichts mehr. Schon bei einem etwas längeren Kuss wehrt sich meine Frau sofort. Ich brauche aber Zärtlichkeit. Ich fühle mich, als lebte ich in einer Wüste."

„Hast du denn mit ihr schon mal ausführlich darüber geredet? Am besten lädst du sie in ein romantisches Restaurant ein und dann sprecht ihr in Ruhe über alles. Und wenn deine Frau keine Ader für Romantik hat, dann sorge du doch dafür. Da bricht dir schon kein Zacken aus der Krone. Mach du den ersten Schritt. Seit wann ist sie denn so ablehnend? Vielleicht ist sie auch einfach nur durch die Kinder überfordert. Viele Frauen gehen auf Abstand, wenn sie körperlich am Ende sind, weil ihnen die intime Vereinigung zu anstrengend ist. Für uns Männer ist das schwer nachzuvollziehen. Es kommen bestimmt auch wieder bessere Zeiten."

Michael gefiel die Idee mit dem Essengehen und so organisierte er einen Babysitter und überraschte seine Frau eines Abends mit diesem Vorschlag.

Als Maria Michael dann in ihrer Lieblingspizzeria gegenübersitzt, hört sie ihm aufmerksam zu. Sie ist dankbar, dass er die Initiative ergriffen hat, denn ihr war nicht bewusst gewesen, dass Michael zwischen Zärtlichkeit und Sexualität unterscheidet und dass Zärtlichkeit für ihn so wichtig ist. Abends liegt sie nun entspannt in sei-

nen Armen und krault sein Haar. Michael wiederum macht oft abends die Kerzen an, lässt leise Musik laufen und sie kuscheln sich gemütlich aneinander.

? Können Sie in Ihrer Partnerschaft über Ihr Bedürfnis nach Zärtlichkeit sprechen?

Nehmen wir an, Sie kuscheln nicht gerne und Ihr Partner möchte sehr oft schmusen. Die Lösung für dieses Ungleichgewicht könnte so aussehen, dass Sie abwechselnd einen Tag Ihrem Wunsch nachkommen und Ihr Partner muss verzichten und am nächsten Tag versuchen Sie sich dafür auf Nähe einzustellen. Überlegen Sie sich, was Ihnen dabei helfen würde, Zärtlichkeiten auszutauschen. Sind Sie ein Mensch, der dazu eine bestimmte Atmosphäre braucht? Dann zünden Sie Kerzen an und lassen im Hintergrund Musik spielen.

Ich habe immer wieder festgestellt, dass viele Probleme im Kopf gelöst werden. Wenn man die richtige Einstellung zu einer Situation hat, folgen schließlich auch die richtigen Gefühle. Überlegen Sie, wie Sie die Brücke zu Ihrem Partner schlagen könnten und geben Sie sich dann einen Schubs. Wenn Sie bereit sind, seine Bedürfnisse zu sehen, wird er auch eher bereit sein, Ihnen zuliebe etwas zu tun. In diesem Bereich des Liebesbeweises kann man leicht den Anderen verletzen, besonders, wenn man ein Versprechen nicht erfüllt.

Seien Sie ehrlich mit Ihrem Partner. Ziehen Sie sich nicht einfach in Ihr Schneckenhaus zurück, sondern erklären Sie ihm, warum es Ihnen schwer fallen würde, Zärtlichkeiten auszutauschen.

Manchmal ist es auch ratsam, in die eigene Vergangenheit zu schauen und herauszufinden, ab welchem Zeitpunkt man Zärtlichkeit als unangenehm empfunden hat.

? Gibt es einen Zeitpunkt in Ihrem Leben, an dem sich das Bedürfnis nach Zärtlichkeit entscheidend verändert hat? Was war die Ursache?

Vielleicht ist auch in Ihrer Beziehung irgendwo ein Knick, nach dem Sie sich in sich selbst zurückgezogen haben. Sprechen Sie über Verletzungen, vergeben Sie sich und anderen, damit Sie wieder fähig werden, einander Liebe, Zärtlichkeit und Nähe zu schenken.

4. Lob und Anerkennung

Die 4. Muttersprache der Liebe ist *Lob und Anerkennung*. Menschen mit dieser Muttersprache brauchen Anerkennung für ihr seelisches Gleichgewicht.

Lena kommt stolz die Treppe herunter, weil sie ein neues Kleid anhat. Doch welchen Kommentar erntet sie von ihrem Mann? „Liebling, die Schuhe passen aber überhaupt nicht zum Kleid." Hätte er nicht auch sagen können: „Du siehst umwerfend aus. Wenn du jetzt noch die schwarzen Schuhe anziehst, bist du perfekt." Wie mag sich Lena bei dem ersten Kommentar gefühlt haben und wie bei dem zweiten?

! Unser Blick ist geschärft für das Unvollkommene und besonders für die Fehler des Anderen.

Uli bringt Heidi eine Tasse Kaffee auf die Terrasse. Er hat extra das gute Geschirr genommen, um ihr eine Freude zu machen. Leider stolpert er an der Terrassenschwelle und schüttet ihr den heißen Kaffee über ihr schönes Kleid und die kostbare Tasse zerbricht mit lautem Getöse auf dem Boden.

? Wie hätten Sie reagiert?

Heidi schrie: „Du hast doch wirklich zwei linke Hände. Kannst du denn nicht aufpassen? Du bist wie ein Elefant im Porzellanladen." Und dann fügte sie als Krönung hinzu: „Ganz wie dein Vater!!!"

Was meinen Sie, wie Uli reagierte, als er diesen Kommentar hörte?

Er beschloss: „Ich werde meiner Frau nie mehr einen Kaffee bringen. Erst gebe ich mir Mühe und dann werde ich auch noch von ihr zur Schnecke gemacht."

! Ermutigen heißt: „Wegsehen vom Resultat und hinsehen zum Motiv."

Zugegeben, das Resultat ist schlecht: Die Tasse ist kaputt, der Kaffee verschüttet und das Kleid muss in die Reinigung. Aber was war Ulis Motiv? Er wollte ihr nur eine Freude machen.

Treffen Sie heute die Entscheidung, dass Sie umdenken wollen. Eine gute Antwort auf das Malheur wäre gewesen: „Ist nicht so schlimm, das Kleid kann man waschen. Danke, dass du so lieb warst und mir unaufgefordert eine Tasse Kaffee gebracht hast."

Es ist Übungssache, auf das Motiv zu schauen. Man kann es zwar nicht von heute auf morgen, aber man kann es lernen.

? Brauchen auch Sie Lob und Anerkennung?
Ist es für Sie wichtig, dass andere Ihre Arbeit schätzen?
Fühlen Sie sich geliebt, wenn Sie gelobt werden?

Jeder braucht Menschen, die an ihn glauben. Aber für manche ist dies der Lebensnerv, an dem sich alles entscheidet.

Meine Frau hat mir nie gesagt, dass sie es schätzt, dass ich jeden Tag treu zur Arbeit gehe und für uns den Lebensunterhalt verdiene. Ich habe nie gehört, dass ich ein guter Ehemann und ein liebevoller Vater für die Kinder bin. Ich brauche aber Lob und Anerkennung zum Leben wie Blumen das Wasser. Für sie war immer alles selbstverständlich. So kam eines Tages eine andere Frau, die mir zuhörte und mich bewunderte. Sie lobte mich und stillte mein innerstes Bedürfnis.

Dies ist das Zitat eines Mannes, dessen Ehe zerbrach. Seine Frau war wie vor den Kopf geschlagen und verstand die Welt nicht mehr, als er die Scheidung einreichte und meinte resigniert: „Ich habe doch stets alles für ihn getan. Warum tut er mir das an?“

? Wie viel Lob, Ermutigung und Anerkennung wird in Ihrer Ehe und Familie ausgesprochen?

5. Geschenke

Geschenke bekommen wäre eigentlich die korrekte Bezeichnung für die im Folgenden beschriebene Muttersprache der Liebe.

Konrad ist verheiratet, Vater von vier Kindern und erfolgreich in seinem Beruf. Seine Frau erzählte mir neulich folgendes Bedürfnis ihres Mannes: „Konrad ist schlimmer als unsere Kinder, wenn es um seinen Geburtstag geht. Er ist bereits Tage vorher total aufgeregt, wenn es auf den 21. Mai zugeht, denn ihm sind Geschenke sehr wichtig. Deshalb kann er es auch nicht verstehen, wenn man seinen Geburtstag vergisst oder wenn das Geschenk mit der Post nicht pünktlich ankommt. Am schwierigsten ist es für ihn, wenn ich das Falsche kaufe. Wir hatten schon die größten Ehekrisen, weil ich nicht das Richtige besorgt hatte. Ich erinnere mich noch genau an ein Jahr, in dem ich kurz vor seinem Geburtstag krank war und deshalb kein Geschenk für ihn kaufen konnte. Leider hatte ich auch niemand anderen damit beauftragt, da ich die Wichtigkeit von Geschenken für ihn noch nicht entdeckt hatte. Weil nun kein Geschenk von mir auf ihn wartete, war er so enttäuscht, dass er bis zum Abend kein Wort mehr mit mir sprach. Manchmal habe ich auch schon mitbekommen, dass er regelrecht Angst vor seinem Geburtstag und der damit verbundenen Enttäuschung hatte."

Wenn man die Liebessprache der Geschenke nicht kennt, hält man solche Menschen möglicherweise für kindisch oder sogar in ihrer Entwicklung stehen geblieben.

Sicher, der Umgang mit jemandem, dem Geschenke besonders wichtig sind, ist bestimmt nicht leicht, besonders wenn er mit jemandem verheiratet ist, dem Geschenke nichts bedeuten. Aber auch auf diesem Gebiet ist das Gespräch ganz wichtig, damit keine unnötigen Verletzungen passieren.

Neulich erzählte mir Anke, die sich ebenfalls sehr geliebt fühlt, wenn ihr Partner ihr Geschenke mitbringt, Folgendes: „Mein Mann hat keine Antenne für kleine und größere Geschenke. Nachdem wir diesbezüglich bereits mehrere Auseinandersetzungen hatten, kam er auf einen Trick. Er schenkte mir zu meinem letzten Geburtstag zehn Gutscheine für jeweils einen Blumenstrauß und fünf Gutscheine für Süßigkeiten. Wenn er nun mal einen Monat lang ohne Überraschung nach Hause kommt, lege ich ihm als kleine Erinnerungsstütze einen dieser Gutscheine auf den Frühstückstisch."

Diese Sprache der Geschenke wird wohl in der westlichen Welt am meisten gesprochen. So versuchen manche Eltern besonders mittels Geschenken ihr schlechtes Gewissen gegenüber ihren Kindern zu betäuben. Deshalb kann es dann auch passieren, dass manche dieser Kinder später als Erwachsene sagen: „An Materiellem hat es mir nie gefehlt, aber ich habe mich auch nicht wirklich geliebt gefühlt. Alles andere war meinen Eltern wichtiger."

Da mir selbst Geschenke nicht so arg viel bedeuten, machte ich vor Jahren einmal den Vorschlag in unserer Familie, die Weihnachtsgeschenke generell abzuschaffen. Wissen Sie, welche Menschen sich dagegen wehren? Menschen, deren Muttersprache es ist, Geschenke zu bekommen oder die gerne andere beschenken. Andere wiederum atmen erleichtert auf, denn sie setzte das Aussuchen der Geschenke immer unter Druck.

Den Menschen, deren Muttersprache „Geschenke“ ist, kommt es übrigens nicht unbedingt darauf an, große und teure Geschenke zu bekommen. Es ist eher das Gefühl: „An mich wurde gedacht“, was ihnen wichtig ist.

? Wird Ihr Liebestank durch das Empfangen von Geschenken gefüllt oder sind Ihnen Geschenke eher lästig, nach dem Motto: Geschenke verpflichten mich ebenfalls dazu, etwas zu schenken?

Die fünf Sprachen der Liebe sind nur ein Werkzeug

Nehmen Sie sich doch jetzt einmal einige Minuten Zeit, um über folgende Fragen nachzudenken:

? Welche Muttersprache der Liebe können Sie bei sich selbst entdecken?
Welche Muttersprache spricht Ihr Partner?
Welche Muttersprachen vermuten Sie bei Ihren Kindern?

Dabei sollten Sie verschiedene Sichtweisen berücksichtigen: Zum einen ist es interessant, zu überlegen, welche Liebessprache Sie gerne empfangen und zum anderen welche Sie gerne sprechen. Das kann, muss aber nicht identisch sein.

Anna überlegt: „Ich ermutige gerne die Menschen um mich herum. Mir fallen dann immer neue Möglichkeiten ein, andere zu loben und zu motivieren. Auch meinem Mann sage ich immer wieder, wie ich ihn bewundere und wie geschickt er alles repariert. Persönlich ist es mir aber wichtiger, dass mein Mann Zeit mit mir verbringt. Ich liebe es, wenn er mich zum Schwimmen einlädt oder wenn er abends noch eine Runde mit mir spazieren gehen will, wenn die Kinder bereits im Bett sind."

Um mit Ihrem Partner diesbezüglich besser ins Gespräch zu kommen, sollten Sie konkrete Situationen aus Ihrem Ehe-Alltag beleuchten. Hier einige Tipps:

- Erzählen Sie Ihrem Partner zwei Situationen, in denen er Ihre Muttersprache gesprochen hat und wie Sie sich dann gefühlt haben.
- Überlegen Sie sich drei Wünsche an Ihren Partner.
- Sprechen Sie über Situationen, in denen Sie sich unverstanden gefühlt haben.

Manche von Ihnen haben sicher Schwierigkeiten, sich selbst oder andere in bestimmte *Schubladen* zu stecken. Das ist in Ordnung. Andere wiederum würden gerne wissen, welche Liebessprache ihre Muttersprache ist, aber sie erkennen sich in den oben genannten Beispielen nicht wieder. Deshalb hilft es manchmal, wenn Sie Ihre Freunde oder Eltern fragen, wie sie Sie erleben. Oder Sie erinnern sich an bestimmte Situationen aus Ihrer Kindheit, in denen Sie sich besonders geliebt fühlten.

Manche von Ihnen entdecken bei sich vielleicht sogar zwei Muttersprachen, die Sie als gleich stark empfinden. Das ist auch möglich. Und wieder andere beobachteten, dass sich ihre Muttersprache im Laufe des Lebens verändert hat. Früher war die *Hilfsbereitschaft* für sie sehr wichtig, heute ist es mehr die *Ermutigung*.

Legen Sie sich und andere nicht fest, denn jeder Mensch ist veränderbar.

Anhand von einem seelsorgerlichen Beispiel möchte ich Ihnen zeigen, wie diese Lehre Menschenleben verändern und dazu beitragen kann, dass keine Untreue in eine Beziehung Einzug nimmt.

Maike erzählte mir von ihrer heimlichen Liebe zu Kai, dem Ehemann ihrer Freundin. Sie kannten sich gut, weil sie sich als Ehepaare hin und wieder trafen. Und wenn sie dann mit Kai gemeinsam in der Küche arbeitete, bewunderte sie, wie leicht ihm die Arbeit von der Hand ging. Sie waren ein ideales Team. Auch sonst wurde sie von der Art angezogen, wie er kochte, sich um die Kinder kümmerte und seiner Frau zur Hand ging. Manchmal träumte sie bereits von ihm.

Erst als sie von den Sprachen der Liebe hörte, merkte sie, warum sie sich zu diesem Mann hingezogen fühlte. Sie erkannte „Hilfsbereitschaft" als ihre Muttersprache der Liebe und dass sie einen Mann hatte, der ihren Liebestank nicht füllte. Sie durchschaute die Gefahr für ihre Ehe und entschied sich, dass sie keineswegs ihre Ehe aufs Spiel setzen wollte. Sie vertraute sich ihrem Mann an und erklärte ihm ihren leeren Liebestank. Und je mehr ihr Mann lernte, ihre Liebessprache zu sprechen, desto schwächer wurde die Anziehung zu dem Mann ihrer Freundin.

! **Wir können sehr verführbar sein,**
wenn wir jemanden treffen,
der unsere Muttersprache der Liebe spricht,
und gleichzeitig einen leeren Liebestank haben.

Entdecken, aber nicht festlegen

Ich selbst habe bei mir beobachten können, dass ich verschiedene Prozesse im Anwenden der fünf Sprachen der Liebe durchlebte. Diese waren wie folgt:

- Ich war begeistert, mich und andere endlich verstehen zu können.
- Ich erkannte die Muttersprache meines Partners und erfuhr im Sprechen seiner Sprache, dass er sich geliebt fühlte.
- Ich erlebte, dass ich glücklich war, wenn mein Partner meine Muttersprache sprach.
- Ich wollte alle Menschen dazu bringen, mit mir meine Muttersprache zu sprechen.
- Ich erkannte, dass alle Sprachen der Liebe für eine Beziehung eine Bereicherung sind.
- Ich wurde frei, Liebe auch von den Menschen anzunehmen, die meine Muttersprache nicht sprechen.

Ich möchte Ihnen Mut machen, sich auf den Weg zu begeben und die verschiedenen Sprachen der Liebe bei sich und den Menschen in Ihrer Umgebung zu entdecken. Das kann Ihnen helfen, Ihre Reaktionen besser zu verstehen, und Ihnen den Weg in Richtung Veränderung weisen.

Kurz & knapp

- ✔ Jeder Ehepartner sehnt sich nach Liebe, die er nicht nur hören, sondern auch spüren kann.
- ✔ Entdecken Sie die Art von Liebe, die Ihren Partner erreicht.
- ✔ Helfen Sie Ihrem Partner, dass Sie sich geliebt fühlen.
- ✔ Werden Sie sensibel und dankbar für die vielfältigen Liebesbeweise, die Sie bisher nicht beachtet haben.
- ✔ Es ist leicht, treu zu sein, wenn man sich vom Partner geliebt und ernst genommen fühlt.

Das Dreieck der Liebe

Neben den unterschiedlichen Sprachen der Liebe, die ich im vorangegangenen Kapitel erläutert habe, gibt es vier weitere Arten von Liebe in einer Beziehung, die ich im folgenden Kapitel vorstellen werde:

- die freundschaftliche Liebe
- die Verliebtheit
- die selbstlose Liebe
- die sexuelle Liebe

In den unterschiedlichen Phasen einer Partnerschaft steht mal die eine und dann wieder die andere Art der Liebe im Vordergrund, jedoch tut jede von ihnen das ihre dazu, dass eine Beziehung harmonisch verläuft. In den nachfolgenden Ausführungen werden die einzelnen Arten der Liebe vorgestellt und es wird aufgezeigt, was Sie dazu beitragen können, dass das Feuer der Liebe in Ihrer Ehe nicht ausgeht.

1. Die freundschaftliche Liebe

Im weiteren Verlauf des Kapitels möchte ich zur Verdeutlichung des Zusammenwirkens der vier oben erwähnten Arten der Liebe, diese in einem Schaubild darstellen. Hierbei findet die freundschaftliche Liebe ihren Platz in der zweiten Ebene eines gleichschenkligen Dreiecks.

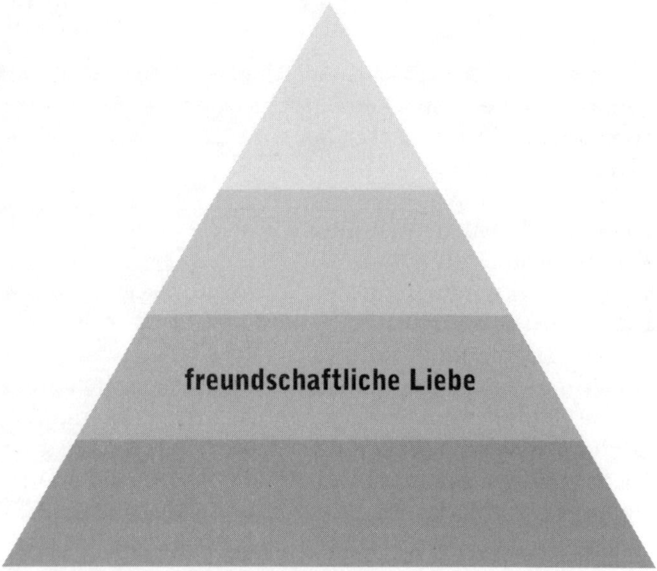

Die *freundschaftliche Liebe* beinhaltet für mich: Freude an gemeinsam verbrachter Zeit, Hilfe in der Not, Bereitschaft zu gegenseitiger wohlwollender Kritik und die Fähigkeit, sich mit dem Anderen zu freuen und auch zu trauern.

Viele Beziehungen beginnen mit einer Freundschaft, ohne zu wissen, ob später einmal mehr daraus wird. So wie es damals bei Dirk und seiner heutigen Frau Elvira gewesen ist:

Wir haben drei Jahre zusammen die gleiche Ausbildung gemacht. Während dieser Zeit lernten wir gemeinsam für Klausuren und fragten uns gegenseitig ab. Im Sommer machten wir hin und wieder gemeinsam Fahrradausflüge und im Winter stand Schlittschuh laufen auf dem Plan. Obwohl wir uns so gut verstanden, haben wir nie ans Heiraten gedacht. Als die Ausbildung schließlich zu Ende war, zog jeder von uns in eine andere Stadt und begann dort zu arbeiten. Per Zufall trafen wir uns dann zwei Jahre später auf einer Fortbildungsveranstaltung wieder und verliebten uns Hals über Kopf ineinander. Da wir beide noch solo waren und wir uns schon so gut kannten, haben wir nach weiteren sechs Monaten geheiratet. Ich habe schon oft gedacht, dass ich jedem Ehepaar ein so breites freundschaftliches Fundament wünschen würde.

? Was zeichnet die freundschaftliche Liebe aus?

Man ist zusammen im gleichen Verein, der gleichen Schule oder macht die gleiche Ausbildung. Man mag sich, findet sich sympathisch und verbringt gerne Zeit miteinander. Es macht Spaß, sich mit dem Anderen auszutauschen und man fühlt sich verstanden und angenommen. Zudem gibt es gemeinsame Interessen oder Hobbys. Ja, man hilft sich durch dick und dünn und kann sich aufeinander verlassen.

! Eine Freundschaft aufzubauen braucht Zeit.

Bevor man jemanden wirklich zu seinem Freund erklären kann, braucht man viele gemeinsame Erfahrungen, in denen sich die Beziehung bewährt. Außerdem wünscht man sich von einem Freund, dass er den Mut hat, einen auf Fehler hinzuweisen. Denn jeder Mensch hat nun einmal so genannte „blinde Flecken" in seiner Persönlichkeit und trifft falsche Entscheidungen, ohne es zu merken. Dadurch kann er mit seinem Verhalten Menschen verletzen, ohne dass er es beabsichtigt. Wie gut, wenn man dann von einem anderen Menschen darauf aufmerksam gemacht wird.

! Ein guter Freund hat den Mut, in Liebe Wegweisung und Ermahnung zu geben.

Ein guter Freund versteht einen häufig auch ohne viele Worte. Und wenn ihm etwas negativ auffällt, dann verurteilt er einen nicht gleich, sondern fragt zunächst nach. Freunde stehen Schulter an Schulter und haben im Leben nicht selten ganz ähnliche Erfahrungen gemacht. Sie spüren deshalb auch, wann es wichtig ist, einfach nur zuzuhören, und wann ihr Rat gefragt ist.

? Wie steht es nun in Ihrer Ehe mit der freundschaftlichen Liebe?

„Meine Frau ist mein bester Freund", erklärt Nick auf seiner Geburtstagsfeier und bedankt sich damit bei ihr vor allen Leuten für die liebevolle Ausrichtung seines Festes.

? Können Sie von Ihrem Partner sagen, dass er Ihr bester Freund ist?

So manches lange Telefonat mit der Mutter oder der Freundin würden wegfallen und wahrscheinlich auch der Besuch vieler Stammtische, wenn die Ehepartner auch gleichzeitig einander die besten Freunde wären.

Doch nicht selten höre ich Sätze wie den folgenden: „Mein Mann versteht mich sowieso nicht. Ich bin für ihn ein Buch mit 7 Siegeln."

Diesbezüglich glaube ich, dass wir oft eine falsche Erwartungshaltung aneinander haben. Denn natürlich kann ein Partner nur selten Gedanken lesen. Sie müssen ihm schon dabei helfen, Sie zu verstehen. Das heißt, Sie müssen darüber reden, wie es Ihnen geht, was Sie denken und fühlen. Und je öfter Sie Ihre Bedürfnisse aussprechen, desto mehr kann sich Ihr Partner in Sie hineinversetzen. Viele Frauen sind verletzt, wenn ihr Mann nicht sofort merkt, dass es ihnen nicht gut geht. Oder sie wünschen sich einen Mann, der ihnen ihre Wünsche von den Augen abliest. Aber Männer sind nun einmal ganz normale Menschen ohne das zweite Gesicht.

Frauke hatte einen sehr anstrengenden Tag hinter sich, da eines ihrer Kinder krank war. Außerdem hatte es den ganzen Tag über geregnet, sodass ihre beiden anderen Kinder nicht draußen hatten spielen können und sich deshalb extrem viel stritten. Als dann ihr Mann endlich nach Hause kam, sagte sie, sobald er durch die Tür gekommen war: „Heute ist Stabwechsel dran."

Ihr Mann wusste daraufhin sofort, was sie sich von ihm wünschte, denn dies war ein verabredeter Ausdruck, den sie verwandten, sobald einer von beiden mit einer Aufgabe überfordert war. Frauke drückte also damit aus: „Meine Nerven sind bis zum Zerreißen gespannt. Wenn jetzt noch eine Kleinigkeit passiert, platze ich. Ich will keinen Wutausbruch bekommen und nicht ungerecht werden. Aber heute ist schon so viel schief gegangen, dass du jetzt bitte die Verantwortung für den weiteren Abend übernimmst und die Kinder alleine ins Bett bringst."

Vereinbaren Sie mit Ihrem Partner doch auch eine Reihe solcher Begriffe, die Ihnen in bestimmten Lebenssituationen lange Erklärungen und mögliche Auseinandersetzungen mit Ihrem Partner ersparen. Dieser kann dann sofort erfassen, worum es geht und Ihnen zur Hilfe eilen.

? Kennen Sie Tage, an denen Sie sich auch einen solchen Stabwechsel wünschen würden?

Sprechen Sie also mit Ihrem Partner über Ihre Sorgen und Gedanken, denn Freunde helfen sich gegenseitig. Außerdem verbringen Freunde gerne viel Zeit miteinander. Doch leider ist oft kein Zeitvertreib zu finden, der beiden gleich viel Spaß macht, wie das Beispiel von Michael und Judith zeigt:

An einem Samstag diskutierten Michael und Judith darüber, wie sie den Nachmittag gemeinsam verbringen wollten.

Judith sagte: „Ich möchte gerne heute Nachmittag auf den Segelflugplatz gehen. Es ist schönes Wetter und wir könnten dort wunderbar die Flugzeuge beobachten."

Aber leider hatte Michael darauf überhaupt keine Lust. Er wollte lieber mit Judith Tennis spielen gehen. Nun war guter Rat teuer, denn keiner von beiden wollte nachgeben. So nahmen sie eine Werteskala als Entscheidungshilfe zur Hand. Die Werteskala ging von 1–10. 10 bedeutete, dass man nichts lieber täte und 1, dass man nichts mehr ablehnen würde, und jeder sollte anhand dieser Skala seine Wertung abgeben. Bei ehrlicher Beurteilung sollte anschließend das unternommen werden, was einem von beiden mehr bedeutete. Michael gab den Segelfliegern eine 3 und seinem Vorschlag eine 7, während Judith den Segelfliegern eine 8 und Michaels Vorschlag eine 2 gab. So gewann dieses Mal Judiths Vorschlag.

? Könnte auch Ihnen eine solche Werteskala bei Ihren Konfliktlösungen helfen?

Mein Mann und ich haben bereits eine ganze Reihe von Ehe-Abend-Kursen gehalten. Immer wieder fragten uns die Teilnehmer: „Könnt Ihr uns nicht einige Tipps geben, was man an freien Abenden zusammen unternehmen kann. Unsere Beziehung war sehr schnell von der Sexualität bestimmt. Wir haben uns deshalb damals leider keine Zeit genommen, eine wirkliche Freundschaft miteinander aufzubauen."

Den negativen Effekt eines solchen Beginns einer Beziehung haben auch Amelie und Gunther erlebt, wobei Amelie am meisten darunter gelitten hat. Hier ist ihre Geschichte:

Amelie sitzt in meinem Wohnzimmer und weint bitterlich: „Ich glaube, dass mein Mann mich als Mensch gar nicht liebt. Wenn er eine Woche auf Dienstreise war, nimmt er sich noch nicht einmal eine halbe Stunde Zeit, um mit mir zu reden. Er will dann gleich mit mir ins Bett. Ich fühle mich in solchen Situationen immer von ihm benutzt. Bedeute ich ihm nur etwas, wenn er mit mir schlafen kann?"

Amelie und Gunther hatten sich erst 4 Wochen gekannt, als sie total verliebt gleich zusammengezogen waren. Zunächst schien alles gut zu laufen, doch Amelie wurde zunehmend trauriger. Denn selbst als sie nach drei Jahren heirateten, spürte Amelie, dass ihnen in ihrer Beziehung irgendetwas Wichtiges fehlte. Deshalb bat sie ihren Mann, mit ihr zusammen die Verlobungszeit nachzuholen. Amelie sehnte sich nach freundschaftlicher Liebe ohne Sexualität.

Zunächst fand ihr Mann diese Idee total verrückt. Was sollte das? Sie waren mittlerweile seit zwei Jahren verheiratet, aus seiner Sicht glücklich verheiratet. Ihm fehlte nichts. Doch er liebte Amelie und merkte, dass es ihr ernst war. So versprachen sie sich gegenseitig, acht Wochen lang nicht miteinander zu schlafen und diese Zeit in ihre freundschaftliche Liebe zu stecken. Da sie beide im ersten Ehejahr Christen geworden waren, beteten sie, dass Gott ihnen die Kraft geben möge, den Versuchungen zu widerstehen.

Als Amelie mir von ihrem Experiment erzählte, wurde ich neugierig und bat sie, mir doch später von ihren Erfahrungen zu berichten. Drei Wochen nach dem Ende der „Verlobungszeit" saß sie wieder bei mir und strahlte: „Ich weiß jetzt, dass mich Gunther auch ohne Sex wirklich liebt. In den letzten Wochen habe ich so viel Wertschätzung erlebt, dass ich mich ganz neu in ihn verliebt habe. Und noch etwas anderes habe ich erfahren. Es fiel mir schwer, acht Wochen nicht mit ihm zu schlafen. Da Gunther sonst häufiger das Bedürfnis nach sexueller Vereinigung hatte als ich, habe ich gar nicht gemerkt, dass auch ich Sehnsüchte habe.

Wir haben in den vergangenen Wochen viele tiefe Gespräche miteinander geführt, sind abends oft spazieren gegangen und haben zur Entspannung miteinander gejoggt oder ein Spiel gespielt. Es ist spannend, neue Seiten am Anderen zu entdecken. Und ich habe den Eindruck, dass unsere Sexualität noch schöner geworden ist. Liegt darin vielleicht das Geheimnis der Enthaltsamkeit?"

? Haben Sie in Ihrer Kennenlern-Phase Zeit gehabt, eine Freundschaft zu entwickeln?

Dies ist eine Seite der freundschaftlichen Liebe, es gibt aber auch die Seite, die einen dazu motiviert, in Not und Bedrängnis einander beizustehen und zu helfen.

Angela ist sauer. Sie liegt seit vier Tagen wegen einer Fehlgeburt in der Klinik und wartet jeden Tag auf Besuch oder einen Anruf. Doch ihr großer Freundeskreis scheint stumm geworden zu sein. Wo sind sie alle: ihre Arbeitskollegen, ihre Verwandten, ihre Freunde aus der Gemeinde und ihre Freunde von früher? Nur Andrea hat ihr einen Brief geschrieben und ihr signalisiert, dass sie kommen würde, wenn Angela sie bräuchte. Selbst ihr Ehemann will mit ihr nicht über den Grund ihres Krankenhausaufenthaltes reden. Er kann es nicht nachvollziehen, dass sie traurig ist. Sie ist doch noch jung und wird sicher noch Mutter werden. Solche Dinge passieren eben. Er hakt das einfach ab.

In der Not zeigt sich, wer wirklich ein Freund ist. Wer geht mit einem durch Krisen, besonders wenn die Krisen länger dauern und einem die Worte fehlen? Dabei ist es nicht notwendig, mit Patentlösungen aufwarten zu können. Es genügt vielmehr, dem Anderen zu zeigen: „Ich verstehe auch nicht, warum dieses oder jenes passieren musste" oder „Erzähl mir von deiner Traurigkeit, ich will dich in ihr begleiten. Ich bin bereit, es mir immer wieder anzuhören. Du darfst dich bei mir ausheulen." Wenn Sie nicht anrufen oder vorbeigehen können, dann schreiben Sie wenigstens einen Gruß: „Ich denke an dich, ich hab dich lieb." Oder wenn Sie gläubig sind: „Ich bete für dich."

! Das schlimmste Gefühl in Situationen der Not ist das Gefühl, allein gelassen zu werden.

Ich wünsche Ihnen, dass Ihr Ehepartner auch gleichzeitig Ihr bester Freund ist. Investieren Sie in diese Freundschaft, damit Ihre Ehe immer erfüllter wird.

Einige Tipps, damit die freundschaftliche Liebe wachsen kann:

- Nehmen Sie sich Zeit für Ihren Partner, um mit ihm zu reden.
- Unternehmen Sie gemeinsam etwas.
- Seien Sie offen, Neues auszuprobieren.
- Helfen Sie Ihrem Partner, Ihre Gefühle, Wünsche und Nöte zu verstehen.
- Erwarten Sie nicht, dass Ihr Partner Gedanken lesen kann.
- Bitten Sie Ihren Partner um Hilfe.
- Seien Sie offen für Korrektur.
- Kritisieren Sie liebevoll und zum richtigen Zeitpunkt.
- Nehmen Sie Ihren Partner ernst.
- Benutzen Sie ihn nicht für Ihre Zwecke und Wünsche.

2. Verliebtheit

Nachdem wir uns ausführlich mit der freundschaftlichen Liebe beschäftigt haben, wenden wir uns nun der *Verliebtheit* zu, die wir im Dreieck der Liebe über der *freundschaftlichen Liebe* eintragen.

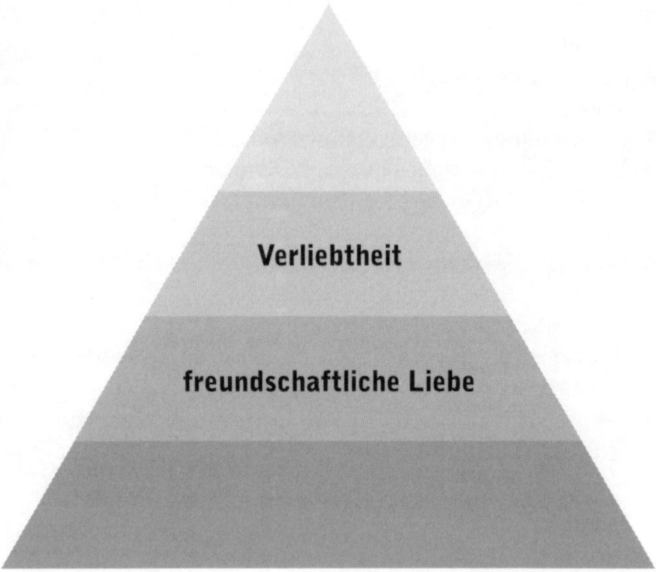

Die Verliebtheit bricht meistens über uns herein, wenn wir es am wenigsten erwarten. Ohne dass man weiß, wie es passiert ist, nimmt es von einem Besitz und man fühlt sich im siebten Himmel. Man kann an nichts anderes mehr denken, als an den Menschen, in den man sich verliebt hat und man hat den Eindruck, dass man nie genug Zeit mit dem Anderen verbringen kann. Immer sucht man nach Gelegenheiten, ihn wieder zu sehen. Außerdem hat man „Schmetterlinge im Bauch", man glaubt, der andere sei fehlerlos und fühlt sich als absoluter Glückspilz. Keiner ist so glücklich wie man selbst.

Wenn Sie sich verliebt haben und noch solo sind, können Sie diesen Zustand einfach nur genießen, sofern der Andere auch ungebunden ist. Sie hoffen darauf, dass der Andere ähnliche Gefühle für Sie empfindet oder noch entwickeln wird. Da die Verliebtheit aber auch ein sehr gefährlicher Zustand ist, in dem man meistens nur an das Jetzt denkt, ohne die Kosten für die Zukunft zu überschlagen, ist es wichtig, sich diesem Zustand nicht willenlos auszuliefern.

! **Jeder Verliebte braucht klare Richtlinien, so genannte „innere Leitplanken".**

Am besten überlegen Sie sich Ihre eigenen Prinzipien, bevor Sie sich verlieben, denn dann haben Sie noch einen klaren Kopf. In der Verliebtheit kann es nämlich sonst zu spät sein.

Als ich 15 Jahre alt war, habe ich mir zum Beispiel Folgendes vorgenommen:

- Ich werde nie einer anderen Person ihren Freund ausspannen.
- Ich werde keine Beziehung mit einem verheirateten Mann beginnen.

Auch die folgenden beiden Leitsätze können uns helfen, mit unserer Verliebtheit vorsichtig umzugehen:

- Ich versuche die Kommentare meiner Freunde, Eltern und Geschwister ernst zu nehmen, wenn sie mich vor einem Menschen warnen wollen.
- Ich bemühe mich, immer auch die Zukunft mit einzubeziehen.

! Es ist wichtig, nicht jeder Verliebtheit sofort nachzugeben.

Marlen fand Menschen mit dunkler Hautfarbe schon immer sehr anziehend. Als sie im dritten Semester war, lernte sie auf einem Universitätsball Kevin aus Kenia kennen, der dort Getränke servierte. Für ein Jahr war er als Au-pair-Junge in einer Familie, um Deutsch zu lernen, anschließend wollte er jedoch wieder in sein Heimatland zurück. Marlen war von seiner dunklen Haut total fasziniert und ließ sich deshalb immer wieder von ihm bedienen. Am Ende des Abends gab sie ihm sogar ihre Adresse und meinte: „Wenn du Lust hast, kannst du ja mal anrufen."

In den nächsten Monaten waren die beiden unzertrennlich, aber Kevins Abreisetag kam unweigerlich immer näher. Leider merkte Marlen erst jetzt, wie weit sie in dieser Freundschaft schon gegangen war. Für Kevin war ihre Beziehung nur ein Abenteuer. Ihm war von Anfang an klar gewesen, dass er nach spätestens sechs Monaten wieder nach Hause zurückkehren würde.

Wenn Sie genau wissen, dass es für Sie undenkbar ist, einen Menschen zu heiraten, der ein Moslem ist oder jemanden, der irgendwann wieder in seinem Heimatland leben will, dann können Sie sich trotzdem in ihn verlieben. Doch wenn Sie eine solche Beziehung erst einmal nur „ausprobieren", kann es irgendwann zu spät sein. Denn dann ist aus der Verliebtheit Liebe geworden und Sie können nicht mehr zurück. Spätestens zu diesem Zeitpunkt haben Sie ein Problem mit Ihrem Glauben oder Ihrer Vorstellung, nicht in der Kultur des Anderen leben zu können oder zu wollen. Also sollten Sie sich vorher gut überlegen, was Sie tun. Sie schreiben die meisten Geschichten Ihres Lebens selbst.

! Wenn ich auch nichts dafür kann, in wen ich mich verliebe, habe ich doch die Verantwortung, was aus dieser Verliebtheit wird.

In diesem Punkt liegt bei uns oft der Hund begraben. Wir sagen: „Ich habe mich verliebt. Es ist wunderschön und ich kann nichts dafür. Ich bin in diese Beziehung mit dem Freund meiner besten Freundin einfach hineingeschlittert. Ich habe keine Schuld, schuld daran sind allein die Gefühle."

Diese Ausrede: „Ich bin nicht schuld. Der andere war's", kennen wir schon seit Menschengedenken. Auch Eva empfand keine Schuld, als sie die verbotene Frucht im Paradies aß, und Adam hatte eine wunderbare Ausrede bis hin zur Schlange. Es ist doch seltsam, dass wir durch all die Jahrhunderte hindurch immer noch die gleichen Argumente verwenden.

Wenn der Zweijährige sich an der Tür stößt, schreit er: „Die blöde Tür", und tritt die „blöde" Tür gleich noch einmal mit seinem Fuß.

Wenn die Sechsjährige den Milchbecher umwirft, heißt es: „Mama, warum hast du den Becher so voll gemacht."

Wenn der Teenager beim Kaugummiklauen erwischt wird, sagt er: „Die anderen haben gesagt, dass ich mich nicht trauen würde, die Kaugummis zu nehmen, und ich konnte das nicht auf mir sitzen lassen."

Und wenn Herr Müller mit Frau Meier ins Bett geht, obwohl sie beide verheiratet sind, entschuldigen sich beide damit, dass ihre Gefühle sie so verwirrt haben.

? Wann übernehmen wir endlich die Verantwortung für unser Tun?

Bitte schlittern Sie nicht in Beziehungen hinein, sondern überlegen Sie sich vorher, ob die Verliebtheit Sie in eine dauerhafte Partnerschaft führen könnte. Ist dies nicht der Fall, dann nehmen Sie lieber Abstand und warten Sie, bis die Verliebtheit vorübergeht, oder bitten Sie Gott, Ihnen Ihre Verliebtheit wieder zu nehmen.

Doch nun wenden wir uns der Verliebtheit innerhalb der Ehe zu.

? Kann man wirklich in den eigenen Ehepartner verliebt sein?

Die Verliebtheit ist ein wunderschöner Zustand und ich möchte Ihnen Mut machen, ihn in Ihrer Ehe immer wieder neu zu entfachen. Wenn mein Mann sich für mich in Schale wirft oder mich in einer bestimmten Art und Weise ansieht, kommen bei mir die prickelnden Gefühle aus der Anfangszeit unserer Beziehung wieder hoch. Manchmal beobachte ich ihn bei seiner Arbeit oder auf einem Fest, wenn er mit anderen spricht und dann denke ich, *wenn er jetzt nicht schon mein Mann wäre, würde ich mich auf der Stelle in ihn verlieben.*

Warum denn eigentlich nicht?

? Sind Sie in Ihren eigenen Mann/Ihre eigene Frau verliebt?

Für die Initialzündung der Verliebtheit können wir vielleicht nichts, aber wir können dafür sorgen, dass in unserer Beziehung die Verliebtheit immer wieder neu entfacht wird. An einer anderen Stelle dieses Buches habe ich bereits ausführlich über Ehe-Abende gesprochen, die der Verliebtheit gut tun. Oft genügt es schon, dass wir einfach mal einen Abend ohne das Geschrei der Kinder verbringen, am besten an einem Ort, an dem wir nicht an die Alltagssorgen erinnert werden. Auf diese Weise können wir uns entspannen und uns neu füreinander öffnen.

Vor drei Jahren bekamen wir von einigen unserer Freunde ein „romantisches Wochenende“ geschenkt. Also suchten wir zunächst eine liebe Person, die während dieser Zeit auf unsere

Kinder aufpasste, und fuhren eines Freitagnachmittags in ein wirklich sehr gemütliches Hotel. Abends gingen wir in ein romantisches Restaurant essen und tagsüber sahen wir uns verschiedene Burgen in der Umgebung an. Außerdem genossen wir es, lange zu schlafen, ausgiebig zu baden und genug Zeit für Gespräche zu haben. Überglücklich und mit vollen Liebestanks kamen wir am Sonntag wieder zu Hause an. Wir haben noch lange von dieser wunderschönen Zeit gezehrt.

? Wann gönnen Sie sich einmal ein romantisches Wochenende?

Doch leider passiert es auch in „guten" Ehen, dass sich ein Ehepartner in jemand anderen als den Ehepartner verliebt.

Wie gehe ich mit Versuchungen um, wenn ich verheiratet bin?

Gegen eine solche Versuchung vorzubeugen, ist immer noch das Beste, aber dadurch hat man leider dennoch keine Garantie, dass man in eine solche Situation nicht hineingerät. Ich glaube, dass es sehr gefährlich ist, zu sagen: „Das könnte mir nicht passieren."

Lea und Marvin sind beide sehr lebenslustige und kontaktfreudige Menschen. Durch ihre unterschiedlichen Arbeitszeiten konnten sie nicht immer gemeinsam Urlaub machen. Da ihnen aber einerseits die Treue in ihrer Ehe sehr wichtig war und sie andererseits wussten, wie leicht man sich verlieben kann, stellten sie einige Regeln auf, um sich nicht in Gefahr zu begeben.

Marvin fand es am schönsten, wenn er im Urlaub viel Sport treiben konnte. Schon während seiner Studentenzeit war er als Segellehrer tätig gewesen und wusste aus eigener Erfahrung, wie leicht die lockere Stimmung auf dem Wasser Situationen schaffen kann, in denen man schnell alle guten Vorsätze über Bord wirft. So beschloss er zu seinem eigenen Schutz, den Urlaub möglichst nur mit Männern zu verbringen. Also nahm er an einem 14-tägigen Segeltörn mit 50 männlichen Besatzungsmitgliedern auf einem großen Dreimaster teil. Oder er fuhr mit seinen beiden Brüdern zum Skilaufen.

Lea hingegen zog Besuche bei Freundinnen oder Verwandten vor. Sie nutzte die freie Zeit ohne Marvin, um ihren Patensohn zu besuchen oder ihre Freundschaften zu pflegen.

Vielleicht halten Sie die Regeln der beiden für übertrieben oder altmodisch und außerdem ist eine solche Urlaubsplanung natürlich keine Garantie gegen Untreue. Doch es ist wichtig, dass jeder für sich selbst überlegt, in welchen Bereichen er gefährdet ist. Für manche ist die Urlaubszeit ohne den Ehepartner eine Gefahrenquelle, für andere wiederum der normale Arbeitsalltag. Denn am Arbeitsplatz kommt man sich oft sehr nahe, weil man schließlich sehr viel Zeit miteinander verbringt. Wie leicht kann sich da eine Verliebtheit einschleichen, besonders wenn die eigene Beziehung gerade in einer Krise steckt.

Deshalb galt stets für mich und meinen Mann: „Wenn du einen Kollegen des anderen Geschlechts besonders anziehend findest, geh nicht alleine mit ihm aus und besuche ihn nicht in seiner Wohnung."

Nicht selten habe ich von Leuten gehört, dass sie in eine Affäre hineingeraten seien, ohne es zu merken. Wenn man diese Personen dann aber bittet, einmal ganz ehrlich zu sein, geben sie oft zu, dass in ihnen so mancher Gedanke aufkam, der sie warnen wollte. Sie haben also nicht auf ihr inneres Warnsystem gehört.

Wenn dann aber das Kind in den Brunnen gefallen ist, entschuldigen sich viele damit, dass sie gar nichts dafür können, in wen sie sich verlieben. Das würde doch einfach so passieren. Ich stimme dem zu, dass man keinen Einfluss darauf hat, in wen man sich verliebt. Aber es ist schlichtweg nicht wahr, dass man seiner Verliebtheit willenlos ausgeliefert ist. Es ist nun einmal so, dass man für alles, was darauf folgt, die Verantwortung übernehmen muss.

! Ich kann vielleicht nicht verhindern, dass Vögel über mir kreisen, aber ich kann verhindern, dass sie ein Nest auf meinem Kopf bauen.

Übertragen auf die Verliebtheit bedeutet dieser Satz: Ich kann zwar nicht verhindern, dass ich mich verliebe, aber ich kann verhindern, dass daraus eine Beziehung wird. Lassen wir das Problem einmal konkret werden: „Hilfe, ich bin verliebt, aber nicht in meinen Mann."

Was tun, wenn man sich verliebt hat, aber nicht in den eigenen Partner?

Karin und Toni sind glücklich miteinander verheiratet und haben gerne Gäste. Als jedoch Toni eines Abends einen neuen Praktikanten, Herrn Müller, zum Abendbrot mit nach Hause brachte, dachte Karin so bei sich: „Wenn ich noch ungebunden wäre, könnte mich dieser Mann interessieren." Sie fand ihn sehr sympathisch und gut aussehend. Den ganzen Abend über musste sie nur an ihn denken.

Als Karin anschließend im Bett lag, konnte sie beim besten Willen nicht einschlafen, denn sie empfand Schuldgefühle wegen ihres noch immer ungebrochenen Interesses an Herrn Müller. Eigentlich wollte sie mit diesen Gefühlen nichts zu tun haben, aber sie wurde sie partout nicht los. Schließlich weckte sie ihren Mann und sagte: „Ich glaube, dass ich mich verliebt habe. Hilf mir, denn ich will das nicht."

Zunächst war Toni geschockt, denn er hatte so etwas nicht für möglich gehalten. Wie konnte ihnen das nur passieren? Auch wenn dieses Geständnis für beide schwer war, so hatte es doch einen sehr befreienden Effekt, denn ihre Verliebtheit war in dem Moment verschwunden, als Karin mit Toni darüber sprach.

! Manchmal stirbt die Verliebtheit, wenn Paare ehrlich und offen miteinander umgehen.

Wenn ich auf Seminaren die Teilnehmer dazu ermutige, mit ihrem Partner offen über die Gefühle der Verliebtheit zu sprechen, stimmen mir meist einige der Teilnehmer zu und sagen: „Das stimmt, dann verschwindet die Verliebtheit sofort. Das habe ich selbst schon erlebt." Andere wiederum antworten: „Das würde mein Partner nicht überleben."

Ich glaube, dass man für diese Situation keinen allgemein gültigen Rat geben kann. Ich wünsche mir jedoch für jede Partnerschaft, dass sie so stabil ist, dass sie einen solchen Hilfeschrei des Partners verkraften kann. Denn wenn eine Frau schon den Mut hat, ihrem Mann gegenüber zu sagen: „Hilf mir, ich bin verliebt, aber nicht in dich, sondern in XY", dann signalisiert sie schließlich, dass sie dieses Gefühl im Grunde gar nicht will. Deshalb ist es wichtig, die Verliebtheit aus der Heimlichkeit ans Licht zu holen, damit der Zauber daran verschwindet.

? Würden Sie es gerne wissen, wenn sich Ihr Partner in jemand anderen verliebt hat, oder lieber nicht?

Manche Menschen verfahren in solchen Lebenslagen jedoch lieber gemäß der Vogel-Strauß-Politik, nach dem Motto: „Was ich nicht weiß, macht mich nicht heiß."

! Stellen Sie sich mutig den Problemen in Ihrer Partnerschaft.

Ich möchte Ihnen nun noch von zwei Ehepaaren erzählen, die sich mit dem Problem der Verliebtheit beschäftigen mussten. Dies haben sie in sehr unterschiedlicher Art und Weise getan, wie Sie in den folgenden Berichten lesen können.

Lügen haben kurze Beine

Sandra und Martin sind seit drei Jahren glücklich miteinander verheiratet. Er ist Pastor und sie medizinisch-technische Assistentin. Eines Tages lag wieder einmal ein Brief von Annika im Briefkasten. Annika lebt auf Mallorca und lädt das Ehepaar in regelmäßigen Abständen zu einem Besuch ein, der aber leider bis zu diesem Zeitpunkt noch nicht stattgefunden hatte. Da Martin durch seinen Beruf für eine längere Zeit unabkömmlich war, beschloss Sandra im gegenseitigen Einverständnis, allein zu ihrer Freundin nach Mallorca zu fliegen.

Sandra freute sich auf die Wärme und all das Neue, das auf sie zukommen würde. Außerdem war sie noch nie geflogen. Auf dem Weg zum Flugzeug fiel ihr ein junger Mann auf, den sie gleich in die Kiste „Macho" steckte, weshalb sie inständig hoffte, während des Fluges nicht in seiner Nähe sitzen zu müssen. Doch wie „der Zufall" es so wollte, nahm er direkt neben ihr Platz. Er hieß Mark, flog auch alleine, hatte beruflich auf Mallorca zu tun und fing sogleich eine Unterhaltung mit ihr an. Sie ging auf seine Fragen ein, obwohl sie es eigentlich nicht wollte und war merkwürdig davon berührt, dass sie während des ganzen Fluges weder ihren Ehemann noch Gott erwähnte.

„Was ist nur los mit mir?", fragte sie sich. Deshalb war sie auch total überrumpelt, als er ihr zum Abschied seine Visitenkarte gab mit dem Angebot, ihn während ihres Urlaubs doch einmal anzurufen. Ihre Freundin holte sie vom Flughafen ab und sie fuhren gemeinsam zu ihrem Haus. Abends in ihrem Bett spürte sie die Versuchung, sich mit diesem Mann noch einmal zu treffen. „Vielleicht hat Gott ihn ja genau neben mich gesetzt und ich habe nun die Chance verpasst, ihm von meinem Glauben an Jesus Christus zu erzählen", ging es Sandra durch den Kopf. Am dritten Tag hielt sie diese Spannung nicht mehr aus und wählte heimlich die Nummer, als ihre Freundin einkaufen war. Zunächst meldete sich keiner und auch nicht, als sie es am Abend noch einmal versuchte.

Erst zwei Tage später erreichte sie Mark. Doch schon bei ihren ersten Worten dachte sie: „Ich mache einen Fehler." Dieser Gedanke hinderte sie aber dennoch nicht daran, sich mit ihm am nächsten Tag in der Stadt zu treffen. Irgendwie hatte sie es hingetrickst, dass sie ohne ihre Freundin in die Stadt fuhr, wo sie mit Mark in ein nettes Eiscafé ging und sich mit ihm ausgezeichnet amüsierte. Nach zwei Stunden fuhr Sandra schließlich total erfüllt wieder zurück zu ihrer Freundin. Doch als dann abends ihr Mann anrief, fiel es ihr wie Schuppen von den Augen, wie weit sie schon gegangen war. Sie konnte ihm einfach nichts von dieser Begegnung erzählen, denn die Kehle war ihr wie zugeschnürt.

Es waren noch zwei Tage bis zu ihrer Abreise, in denen sie Gott inständig um Vergebung für ihr Verhalten bat und erwartete, dass sich dadurch ihre aufgewühlten Gefühle wieder beruhigen würden. Doch die Telefonnummer von Mark ging ihr nicht mehr aus dem Kopf; manchmal hatte sie sogar Halluzinationen und hörte plötzlich seine Stimme.

Wieder zu Hause ging alles seinen gewohnten Gang, aber zwischen ihr und ihrem Mann bestand eine unerklärliche Distanz, die es sogar verhinderte, dass sie miteinander beteten. Immer wieder erfand sie neue Ausflüchte. Doch eines Abends fasste Sandra endlich den Mut, Martin von Mark zu erzählen. Weil sie sich aber schämte, erzählte sie die Geschichte in der Version, dass Mark sie angerufen und zu einem Date gedrängt hätte. Anschließend bat sie Martin um Vergebung, dass sie ihm nicht gleich davon berichtet hatte.

Es vergingen ein paar Tage, als Martin plötzlich Sandra fragte: „Sandra, hat wirklich Mark dich angerufen oder war es nicht etwa umgekehrt?"

Sandra lief es heiß und kalt den Rücken runter. „Ja, natürlich, was meinst du denn?"

Daraufhin erwiderte Martin ganz ruhig: „Ich hatte vor zwei Tagen einen Traum. In diesem Traum sagte mir ein Mann: ‚Sandra weiß Marks Telefonnummer auswendig.'"

Daraufhin lief Sandra rot an und gab alles zu. O wie peinlich war ihr doch die ganze Angelegenheit und durch ihre Lügen hatte sie alles nur noch verschlimmert.

Martin war vollkommen am Boden zerstört und meinte: „Wie konntest du das nur tun. Wusstest du denn nicht, dass Gott mir oft die Wahrheit über bestimmte Begebenheiten aufschlüsselt? Deine Lüge hat erst alles richtig schlimm gemacht."

Martin war noch eine lange Zeit verletzt, vielleicht auch, weil er absolut davon überzeugt gewesen war, dass es ihm niemals passieren würde, dass sich seine süße kleine Frau in jemand anderen verlieben würde. Außerdem war er sich ganz sicher gewesen, dass sie immer über alles reden könnten.

Was können wir aus dieser Geschichte lernen?

- Sie können der Versuchung nur widerstehen, wenn Sie die Gefahr ernst nehmen.
- Bleiben Sie sensibel. Unruhe und mangelnder Frieden bezüglich einer Situation sind Gefühle, die Sie warnen können.
- Es ist gefährlich, die eigenen Wünsche mit Gottes Plänen zu verwechseln. Sandra wollte Mark treffen und hat sich selbst gegenüber diesen Wunsch mit frommen Motiven gerechtfertigt.
- Ziehen Sie rechtzeitig die Bremse. Heimlichtuereien sind ein sicheres Zeichen für ein Fehlverhalten. Sandra erzählte weder ihrem Mann noch ihrer Freundin etwas von den Telefonaten und dem Treffen. Offenheit kann zu erkennen helfen, ab wann eine Sache schief läuft.
- Wenn Sie sich entschließen, Ihrem Partner von einer Romanze oder einem Seitensprung zu berichten, sollten Sie die Wahrheit erzählen. Denn sonst weiß der Partner überhaupt nicht mehr, woran er ist.

Ehebruch kommt auf leisen Sohlen

Irene steht in der Küche und macht den Abwasch, währenddessen denkt sie über die letzte Chorprobe nach. Was hatte Armin gesagt? Er könne auch Geige spielen. Schon seit Jahren wünschte sie sich für festliche Anlässe jemanden, der sie beim Klavierspielen begleiten könnte. Doch nie war ihr Wunsch erfüllt worden. Ihr eigener Mann war total unmusikalisch. Er konnte noch nicht einmal die Melodien gerade gelernter Lieder behalten, während Irene in einer sehr musikalischen Familie groß geworden war. Ihre drei Brüder spielten alle ein Instrument. Und jetzt diese Überraschung.

Armin war neu in der Gemeinde und machte auf alle einen netten Eindruck. Er hatte sich erst vor drei Monaten entschieden, sein Leben nach Gottes Geboten auszurichten. Sie würden gleich nächste Woche einen Termin miteinander vereinbaren, denn bis zum Gemeindefest waren es nur noch fünf Wochen. Vielleicht würden sie bereits dann gemeinsam auftreten können.

Gesagt, getan. Sie trafen sich ein- bis zweimal pro Woche und ihr Vortrag während des Gemeindefestes war ein totaler Erfolg. Armin war noch besser, als sie gedacht hatte. Außerdem hatte sich im Verlauf der Proben herausgestellt, dass er auch noch fünf Jahre Klavierunterricht gehabt hatte. So spielten sie jetzt regelmäßig einmal pro Woche Klavier und Geige und anschließend noch einige Stücke vierhändig auf dem Klavier. Irenes Kinder mochten Armin und setzten sich oft ins Wohnzimmer, wenn die beiden musizierten.

Eines Tages meinte Armin: „Darf ich dich und deinen Mann in den Messias von Händel einladen? Ich könnte günstig an Karten kommen." Natürlich hatte Irenes Mann überhaupt keine Lust auf ein Konzert. Stattdessen zog er es vor, an seinem Computer zu sitzen, hatte aber gleichzeitig nichts dagegen, dass Irene mit Armin hinging.

Der Abend war traumhaft. Da es regnete, spannten sie einen Regenschirm auf und sie hakte sich bei ihm unter. Einige Tage vergingen, bis Irene aufging, wie oft sie immer wieder in Gedanken bei ihren wöchentlichen Treffen weilte. Manchmal backte sie dafür sogar extra einen Kuchen und lud Armin anschließend noch zum Kaffeetrinken ein. Keiner hatte damit Probleme. Doch Irene wurde klar, dass zwischen ihr und Armin mehr ablief, als nur gemeinsam Musik zu machen, und sie beschloss, sich einer Seelsorgerin anzuvertrauen.

Unter Tränen gestand sie ihr, wie gut ihr Armin tat. Endlich konnte sie wieder mit jemandem ihre musische Seite ausleben. Armin verstand und förderte sie. Sie übte gerne zusätzlich jeden Tag eine Stunde Klavier und las wieder mit Interesse die Kulturangebote der Stadt. Wie trostlos war dagegen doch die Beziehung zu ihrem Mann. Er hatte sich nie für Musik interessiert, aber während ihrer Verliebtheit hatte sie das nicht gestört. Doch jetzt, nach zehn Jahren Ehe, kam ihr ihr Leben öde vor. Am liebsten wäre sie weggelaufen und hätte mit Armin neu angefangen.

Ihr Mann hingegen war total ahnungslos. Er schien sich sogar darüber zu freuen, dass er jetzt nicht mehr gezwungen war, mit ihr ins Konzert zu gehen. Eifersucht war noch nie sein Problem gewesen und er schien auch nichts von den Gefühlsstürmen seiner Frau zu ahnen.

„Wo fängt Ehebruch eigentlich an?", fragte Irene. „Ich spüre, dass Armin immer mehr Raum in mir einnimmt. Eigentlich könnte ich ja sagen, dass ich eine reine Weste habe. Ich habe ihn noch nicht einmal geküsst, geschweige denn mit ihm geschlafen. Aber mein Gewissen sagt mir, dass da etwas faul ist. In Gedanken habe ich die Ehe schon mehrfach gebrochen. Wie komme ich da nur wieder raus?"

An diesem Nachmittag entschied sich Irene für ihren Ehemann und ihre Kinder, beichtete Gott ihre Gefühle für Armin und ihre in Gedanken begangenen Ehebrüche und bat Gott, ihr diese Verliebtheit für Armin zu nehmen. Sie versprach, sich nicht mehr wöchentlich mit ihm zu treffen, um ihren Gefühlen eine Ruhepause zu gönnen.

Die nächsten Wochen waren für sie ein ständiger Kampf. Immer wieder schrie sie zu Gott: „Hilf mir, mach mich frei." Ganz konnte sie Armin jedoch nicht aus dem Weg gehen, da er schließlich zur Gemeinde gehörte. Sie sahen sich außerdem noch im Chor und führten auch ab und zu bei festlichen Anlässen Musikstücke auf. Acht Monate später bekam Armin dann überraschend ein sehr gutes berufliches Angebot in einer anderen Stadt und zog weg. Irene ist heute sehr dankbar, dass sie rechtzeitig die Notbremse gezogen hat.

Was will uns diese Geschichte sagen?

- Eine Verliebtheit kann sich entwickeln, ohne dass Sie es wahrnehmen. Bemerkungen von anderen sind dann manchmal die ersten Alarmglocken.
- Achten Sie auf Ihr feines Gespür und ziehen Sie rechtzeitig die Notbremse.
- Bitten Sie Gott, Ihnen die Verliebtheit wegzunehmen.
- Manchmal ist es hilfreich, mit dem Ehepartner über die Verliebtheit zu sprechen, aber nicht jeder Ehepartner kann es verkraften.

Es gibt wirklich Partner, die mit einer solchen Beichte nicht umgehen können. Ich weiß zum Beispiel von einer Ehe, die noch am zwanzigsten Hochzeitstag zerbrach, als eine Frau ihrem Mann einen einmaligen Ehebruch in ihrem ersten Ehejahr gestand. Obwohl sie 20 harmonische Jahre miteinander verbracht hatten, ließ sich der Ehemann sofort nach dieser Mitteilung seiner Frau scheiden. Er konnte ihr nicht vergeben. Ich vertrete nicht die Ansicht, dass man jede Verfehlung dem Ehepartner sagen muss. Wenn der Ehemann gefragt hätte, ob seine Frau ihm immer treu gewesen ist, hätte sie wohl oder übel die Wahrheit sagen müssen. Aber ob es wichtig ist, jede Verfehlung auch vor dem Partner zu bekennen, stelle ich hier zur Diskussion.

3. Die selbstlose Liebe

Die selbstlose Liebe ist die Basis in unserem Dreieck der Liebe, das Fundament, auf dem jede Beziehung gegründet sein sollte.

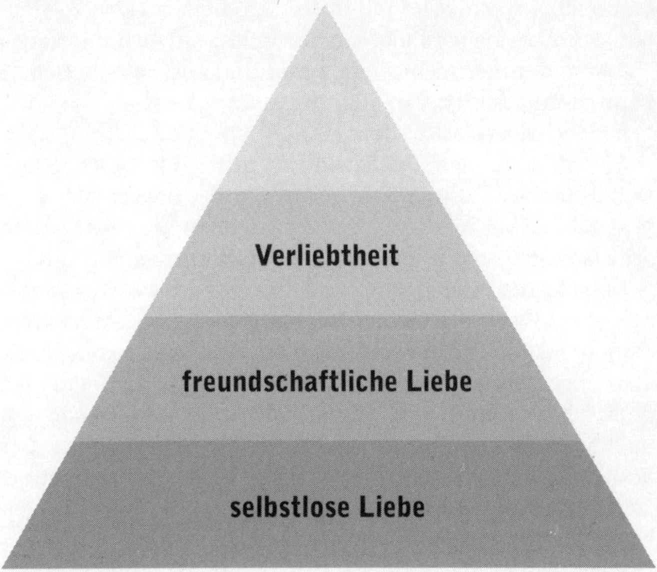

Die selbstlose Liebe ist kein Gefühl wie die Verliebtheit, sondern eine bewusste Entscheidung, den anderen in guten wie in schlechten Tagen zu begleiten. Sie hat den anderen im Mittelpunkt und freut sich, wenn es ihm gut geht.

! Selbstlose Liebe liebt nicht das Liebenswerte, sondern sie schafft das Liebenswerte.

Das Liebenswerte lieben ist nichts Besonderes, denn das kann jeder. Aber das Liebenswerte im Anderen schaffen bedeutet, an etwas zu glauben, was ich nicht sehe. Meine Art und Weise mit dem Anderen umzugehen, wird in ihm Gutes freisetzen. Wenn ich ihn ermutige, ihn tröste, ihm helfe an sich zu glauben, wird er sich verändern. Manchmal werde ich ihn tragen müssen, wenn er nicht mehr kann. Und auch meine Gebete können im anderen Veränderung in Gang bringen, die letztlich Liebenswertes schaffen.

Der Verliebte sagt: „Du bist perfekt. Bitte ändere dich nicht." Der Liebende aber sagt: „Ich will an deiner Seite sein. Ich sage Ja zu deinen Veränderungen und zu deinem Älterwerden. Ich sage Ja zu dir, auch wenn es für mich nicht immer leicht ist."

Die selbstlose Liebe steht zum Anderen, auch wenn es im Moment keine Vorteile bedeutet. Der Andere ist krank, für mehrere Monate im Ausland, im Prüfungsstress oder geht gerade durch eine Krise. Obwohl ich mich danach sehne, dass er bei mir ist, muss ich auf seine Gegenwart verzichten, da es für seinen momentanen Lebensweg wichtig oder sogar notwendig ist. Der Verliebte glaubt, dass der Andere schon perfekt ist und sieht in jeder Änderung eine Bedrohung, während der selbstlos Liebende die Weiterentwicklung des Anderen im Auge hat.

Mein Mann und ich sind jetzt 20 Jahre miteinander verheiratet. Scherzhaft sagen wir manchmal. „Ich kenne dich gar nicht mehr. Du bist ganz anders geworden, jedenfalls bist du nicht mehr der Mann/die Frau, den/die ich damals geheiratet habe." Und genau das ist das Problem in manchen Ehen. Wenn wir uns nicht genug Zeit für den Partner nehmen, bekommen wir die Veränderung des Anderen nicht mit. Wir wissen nicht, was ihn beschäftigt, was ihn prägt und wie er sich verändert. Deshalb müssen wir unbedingt am Ball bleiben, denn sonst entwickeln wir uns dem Partner gegenüber zu Fremden.

Der menschliche Egoismus ist der Widersacher dieser selbstlosen Liebe, denn den meisten Menschen fällt es schwer zu verzichten. Normalerweise sucht der Mensch überall nur seinen eigenen Vorteil, auch in der ehelichen Beziehung. Deshalb ist es wichtig zu wissen, woher wir diese Qualität von Liebe bekommen können.

Beate kommt in ihrer Ehe immer wieder an ihre Grenzen. Manchmal fragt sie sich, warum sie Heribert überhaupt geheiratet hat. Doch dann denkt sie an das Treueversprechen, das sie ihm gegeben hat und versucht sich an all die schönen gemeinsamen Stunden zu erinnern und an all das Gute zu denken, was Heribert schon für sie getan hat. Oft hat sie schon Gott um Hilfe gebeten: „Herr, ich habe keine Liebe mehr für meinen Mann, bitte gibt mir neue Liebe." Und sie hat immer wieder erfahren, dass Gott ihr wirklich diese neue Liebe schenkte.

Seien Sie bitte für diesen Prozess der Veränderung bei Ihnen und Ihrem Partner bereit. Es ist wirklich wichtig, dass Sie sich beide gegenseitig das Recht zugestehen, dass Sie sich verändern dürfen.

Dies steht nun aber im absoluten Kontrast zu unserer Gesellschaft, in der bereits seit langer Zeit eine große Bewunderung für die Jugend bis hin zu einer regelrechten Vergötterung zu beobachten ist. Jeder versucht möglichst lange jung auszusehen und zu bleiben. So fällt es uns im Allgemeinen schwer, zu unserer Veränderung und unserem Älterwerden Ja zu sagen.

! Nicht die sollten heiraten, die glücklich werden wollen, sondern die, die glücklich machen wollen.

Für manche mag das ein provozierender Satz sein. Aber wenn man länger über diesen Satz nachdenkt, spürt man in ihm sehr viel Weisheit. Wenn ich das Wohl des Anderen im Auge habe und nicht immer frage „was bringt mir das", säe ich viel Gutes im Leben meines Partners. Glücklich machen wollen heißt aber nicht, sich selbst aufzugeben und dem Partner alles hinterherzutragen und ihn nur zu verwöhnen, bis man selbst völlig ausgebrannt ist. Zum Glücklichmachen gehört vielmehr auch, dass man den Anderen in Liebe ermahnt und korrigiert. Und nicht zuletzt steckt in diesem Satz, dass ich ihm helfe, mich glücklich zu machen. Denn wahres Glück kann man in einer Ehe nur erfahren, wenn beide den anderen Partner im Blick haben.

? Haben Sie sich zum Ziel gesetzt, Ihren Partner glücklich zu machen?

4. Die sexuelle Liebe

Die nächste Liebesart ist die sexuelle Liebe und sie wird im obersten Feld des Dreiecks eingetragen.

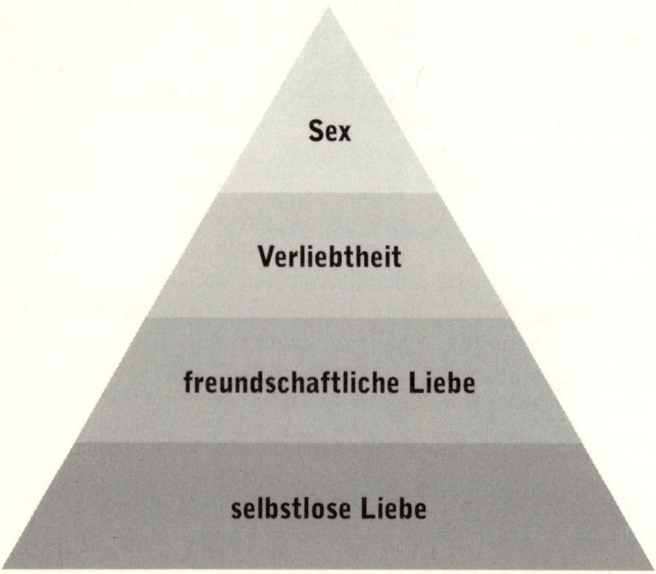

Die sexuelle Liebe ist ein besonderes Geschenk an jede Ehe. Denn die Anziehungskraft zwischen Mann und Frau findet ihren Höhepunkt in ihrer intimen Vereinigung. Wenn beide Partner ihre eheliche Sexualität als erfüllend beurteilen, besteht darin ein guter Schutz gegen Ehebruch.

? Wie würden Sie Ihre Sexualität beurteilen?

„Für mich ist die Sexualität am schönsten, wenn auch Heidrun Freude daran hat", sagt Tom. „Wenn sie nur mir zuliebe mit mir schläft und hofft, dass es möglichst schnell vorbei ist, verzichte ich lieber darauf. Ich habe sie immer wieder gefragt, was ihr gut tut, was ihr gefällt und außerdem habe ich einige Bücher über die unterschiedlichen Bedürfnisse von Mann und Frau während des Geschlechtsverkehrs gelesen und mit meiner Frau besprochen. Unsere Sexualität ist dadurch immer schöner geworden. Aber ich muss zugeben, dass es auch lange gedauert hat, bis wir ehrlich miteinander über diesen Bereich unserer Ehe sprechen konnten."

? Bemühen Sie sich beim Geschlechtsverkehr darum, dass es dem Anderen Freude macht?

Wahre Liebe wartet, sie hat Geduld. Das gilt während einer Freundschaft genauso wie in der Ehe. Seien Sie deshalb sensibel für die Gefühle des Anderen und überprüfen Sie Ihre eigenen Motive. In einer Partnerschaft hat jeder Verantwortung für eine gesunde Entwicklung des Anderen. Deshalb ist es wichtig, den Anderen nicht zu benutzen.

? Was löst der Satz: „Männer geben Liebe für Sexualität, Frauen Sexualität für Liebe“, bei Ihnen aus?

Geben Sie Ihrem Mann Sexualität, um Zärtlichkeit, Liebe und Nähe zu bekommen? Und geben Sie Ihrer Frau Zärtlichkeit, damit sie mit Ihnen schläft?

Beide Einstellungen sind nicht gut, denn Sexualität und Liebe sollten zusammenwirken und nicht das eine Bedingung für das andere sein. Schließlich kann eine tiefe körperliche Begegnung nur dann zustande kommen, wenn man sich vom Anderen angenommen fühlt. Deshalb ist es so wichtig, dass man sich auch nicht gegenseitig unter Druck setzt.

Leider ist die gemeinsame Sexualität sehr anfällig für Störungen. Besonders Frauen äußern immer wieder: „Wenn mein Mann mich verletzt hat, kann ich beim besten Willen nicht mit ihm schlafen“ oder: „Mir gehen so viele Dinge im Kopf herum, dass ich mich nicht auf unser Sexualleben konzentrieren kann und will.“ Männer haben damit jedoch oft weniger Schwierigkeiten. Dazu kommen außerdem die Hormonschwankungen während des Zyklusses einer Frau, die einen enormen Einfluss auf ihre Bereitschaft zur sexuellen Vereinigung haben können. Darum ist es wichtig, dass die Frau ihren Mann in ihre Gefühlsschwankungen mit einbezieht und ihm erklärt, wann und warum sie keine Freude an der Sexualität hat. Auf diese Weise fühlt er sich als Mann nicht abgewiesen.

? Ist Ihr Partner verletzt, wenn Sie nicht mit ihm schlafen wollen?

Bitten Sie Ihren Partner um Verständnis und Geduld, wenn Sie einmal keine Freude am Geschlechtsverkehr haben. Dies sollte aber nicht die Regel sein. Signalisieren Sie vielmehr, dass Sie seinen Wunsch gehört haben und in den nächsten Tagen drauf eingehen werden. Schieben Sie deshalb keine Migräne vor, nur weil Sie keine Lust haben. Überlegen Sie stattdessen gemeinsam, wann und wie oft es für Sie beide schön wäre. Und wenn Sie wissen, dass Sie Ihrem Mann für Dienstagabend versprochen haben, mit ihm zu schlafen, so stellen Sie sich den ganzen Tag über drauf ein. Sie sollten dann auch an diesem Tag nicht das ganze Haus putzen, denn sonst sind Sie abends bestimmt zu müde. Sorgen Sie stattdessen für eine harmonische Atmosphäre mit Kerzen und Düften und fangen Sie vorher nicht noch ein Gespräch an, dass die ganze romantische Stimmung zunichte machen könnte. Sprechen Sie lieber über Ihre Wünsche und Erwartungen. Sagen Sie Ihrem Mann, was Ihnen gefällt und was nicht.

? Sprechen Sie mit Ihrem Partner offen über Ihre Wünsche für Ihre gemeinsame Sexualität?

Lesen Sie die Geschichte von Carolin und Simon, die beschreibt, wie sich die Wünsche beider Partner bezüglich der gemeinsamen Sexualität verändern können.

Carolin las in der Bibel in 1. Korinther 7,5 folgenden Satz: „Entzieht euch einander nicht – höchstens wenn ihr euch einig werdet, eine Zeit lang auf den ehelichen Verkehr zu verzichten, um euch dem Gebet zu widmen." Oft hatte sie sich in letzter Zeit ihrem Mann entzogen. Mal war sie zu müde gewesen, mal hatte sie keine Lust gehabt oder es war einfach zu spät. Dazu kamen außerdem ihre natürlichen Gefühlsschwankungen, und ihre Periode dauerte nicht selten sieben Tage, in denen sie ebenfalls nicht miteinander schlafen konnten. Manchmal empfand sie zudem das Bedürfnis, ihren Mann zu bestrafen, weil er sie in der einen oder anderen Hinsicht enttäuscht hatte.

Doch auch ihr Mann Simon hatte sich während der letzten Zeit immer mehr von ihr zurückgezogen. Er streichelte sie abends nicht mehr und fragte auch nicht, wann sie wieder einmal miteinander schlafen würden. So traf sie diese Bibelstelle mitten ins Herz. Carolin merkte, dass sie ihre Ehe durch ihr Verhalten gefährdete. Außerdem hatte Simon bereits folgende Bemerkung fallen lassen: „Du treibst mich noch in die Arme einer anderen, wenn du so weitermachst." Sie musste eine Entscheidung treffen. Also beschloss sie ein gewagtes Experiment.

Eines Abends bat sie Simon um Vergebung für ihr Verhalten und versprach ihm: „Wann immer du mit mir schlafen möchtest, kannst du es in den nächsten acht Wochen tun." Simon war total perplex und freute sich über ihr Entgegenkommen.

In den nächsten acht Wochen schliefen sie dann interessanterweise nicht jeden Tag miteinander, auch wenn Carolin es so erwartet hatte. Denn Simon hatte gar nicht andauernd das Bedürfnis. In dieser Zeit machten sie beide so manche wichtige Erfahrung. Und als in der darauf folgenden Zeit Simons Wunsch, mit ihr eins zu werden, einmal für Carolin sehr überraschend kam, antwortete sie: „Lass mir erst eine halbe Stunde Zeit, mich darauf einzustellen. Ich würde gerne erst noch ein bisschen reden und schmusen."

? Welches Experiment würde Ihrer Partnerschaft gut tun?

Aber nicht nur durch die unterschiedliche Art, wie Männer und Frauen ihre Sexualität erleben, kann der Intimverkehr beeinträchtigt sein, vielmehr kann auch die Wahl des Verhütungsmittels Störungen begünstigen. So hat zum Beispiel die Antibabypille bei manchen Frauen einen negativen Einfluss auf ihr Lustempfinden. Wenn Sie also vor der Einnahme eines Verhütungsmittels mehr Verlangen nach sexueller Vereinigung verspürten, dann sollten Sie mit Ihrem Frauenarzt sprechen.

Im Folgenden möchte ich Sie anhand von zwei weiteren Beispielen auf andere Störungsquellen hinweisen:

Andreas zum Beispiel macht sich folgende Gedanken: „Meine Frau hat sich eine Spirale einsetzen lassen. Seitdem ich aber weiß, dass die Wirkung der Spirale auf einer Frühabtreibung beruht, habe ich ein schlechtes Gewissen und keine Freude mehr daran, mit ihr zu schlafen."

Jutta wiederum fühlt sich nicht sicher: „Mein Mann besteht darauf, dass wir beim Geschlechtsverkehr nur Kondome verwenden. Da die Kondome mir aber nicht sicher genug sind, habe ich immer Angst vor einer erneuten Schwangerschaft. Deshalb habe ich alle möglichen Ausreden, warum ich nicht mit ihm schlafen will."

Damit solche Probleme in einer Beziehung gar nicht erst auftauchen, ist es wirklich wichtig, die Verhütungsmethode zu finden, mit der beide gut leben können.

? Ist die Wahl des Verhütungsmittels auch innerhalb Ihrer Ehe ein Problem?

Doch nicht nur die Wahl des jeweiligen Verhütungsmittels birgt mögliche Störungen der ehelichen Sexualität. Diese kann außerdem durch sexuelle Erfahrungen mit anderen Partnern vor der Ehe beeinträchtigt werden, denn diese sind in der Regel mit sehr intensiven Gefühlen verbunden.

Diese Erkenntnis bestätigen übrigens auch wissenschaftliche Forschungen, die herausgefunden haben, dass die Erinnerung des Menschen am besten funktioniert, wenn seine Erlebnisse an Gefühle gebunden werden. Damit ist dann gleichermaßen zu erklären, warum uns unsere sexuellen Erfahrungen derart lange im Gedächtnis haften bleiben.

Monika hatte sich vorgenommen, erst mit einem Mann zu schlafen, wenn sie mit ihm auch verheiratet ist. Doch der Druck durch ihre Mitschüler wurde zunehmend stärker. Kurz vor dem Abitur gab es in ihrem Bekanntenkreis schließlich nur noch zwei Mädchen, die noch unberührt waren. Eines Tages hielt sie es nicht mehr aus. Sie wollte mitreden können, nicht mehr laufend gehänselt werden und endlich wissen, was es mit dem Geschlechtsverkehr auf sich hat. Deshalb schlief sie dann auch mit ihrem damaligen Freund. Leider ging diese Beziehung jedoch nach vier weiteren Monaten in die Brüche. Im Studium lernte sie dann einen sehr netten jungen Mann kennen, doch die Erlebnisse mit ihrem ehemaligen Freund ließen sie nicht zur Ruhe kommen. So kam es, dass sie in meiner Küche saß und bitterlich weinte: „Warum habe ich nur mit Matthias geschlafen? Ich muss immer noch an ihn denken und habe den Eindruck, nicht von ihm loszukommen."

Wenn man noch nie Geschlechtsverkehr gehabt hat, ist man wie eine noch ungeprägte Münze. So kann dann auch nicht zuletzt aus diesem Grund der erste Geschlechtsverkehr einen sehr großen Einfluss auf die Entwicklung der eigenen Sexualität haben. Interessanterweise sind dabei die positiven Erfahrungen häufig noch schwerwiegender als die verletzenden. Was eigentlich ganz logisch ist, denn wenn ich ständig denke, dass es mit A viel schöner war, ist es natürlich schwerer, von A loszukommen und sich auf B zu konzentrieren.

? Sind Sie im sexuellen Bereich noch immer an einen anderen Partner gebunden?

Die sexuelle Liebe kann man mit einer empfindlichen Blume vergleichen, die zur optimalen Entfaltung Licht, eine gewisse Temperatur, Nahrungsstoffe und gute Pflege braucht. Eine Rosenknospe lässt die Schönheit einer Rose zwar bereits erahnen, und doch haben wir alle schon erlebt, dass es Situationen gibt, in denen Rosenknospen nicht aufgehen oder die Blume vorzeitig verwelkt.

Genauso ist es mit der sexuellen Liebe. Sie braucht gegenseitige Enthaltsamkeit, Wertschätzung, Hingabe und Geduld, sie muss zudem warten können und benötigt noch vieles mehr, um sich richtig zu entwickeln. Nicht zuletzt braucht die sexuelle Hingabe einen geschützten Raum und es bedarf oft eines jahrelangen Prozesses, um sich selbst und den Anderen kennen, lieben und verstehen zu lernen. Nur mit einem vertrauten Menschen habe ich auch den Mut und die Freiheit, über das Erlebte zu sprechen. Deshalb ist es auch so wichtig, dass wir niemanden unbefugt in diesen Prozess einbrechen lassen.

Nachdem ich einen Vortrag zum Thema „Warum bis zur Ehe warten? – Wie helfen wir unseren Teenagern im Umgang mit ihrer Sexualität?“ gehalten hatte, kam ein Mann Mitte 40 auf mich zu und sagte: „Wie gut, dass Sie diese Vorträge halten. Meine Eltern haben mir nie gesagt, dass die sexuelle Liebe ein besonderes Geschenk für die Ehe ist. Aus diesem Grund habe ich dann auch als junger Mann meine Erfahrungen gesammelt. Heutzutage bin ich jedoch traurig über meine Kontakte zu anderen Frauen. Ich habe schon oft zu meiner Frau gesagt, dass es mir Leid tut. Wie gerne würde ich im Nachhinein noch alle sexuellen Erinnerungen löschen lassen und sagen können, dass ich auf meine Frau gewartet hätte.“

? Gehört für Sie die sexuelle Liebe in jede Freundschaft oder nur in eine Ehe?

Durch meine seelsorgerliche Tätigkeit weiß ich, wie tief Verletzungen im sexuellen Bereich gehen können. Deshalb ist es wichtig, sich vorher zu überlegen, wie weit ich in einer Freundschaft gehen will. Da nun aber mittlerweile die Themen „vorehelicher Geschlechtsverkehr“ und „Seitensprung“ gesellschaftsfähig geworden sind und sich keiner mehr darüber aufregt, ist es viel schwerer geworden, mit der Sexualität bis zur Ehe zu warten und innerhalb einer Partnerschaft die Fahne der Treue hochzuhalten.

Brigitte erzählte mir vor kurzem folgende Begebenheit: Sie hatte sich auf einer Party sehr gut mit einem jungen Mann unterhalten. Als sich dann der Abend dem Ende entgegenneigte, meinte dieser ganz unverblümt: „Nach unserem tiefen Gespräch fehlt jetzt eigentlich nur noch als Höhepunkt, dass wir miteinander schlafen.“ Ihr hatte es daraufhin vollkommen die Sprache verschlagen. Besonders da beide fest liiert waren.

Unsere Gesellschaft hat sich in den letzten 40 Jahren grundlegend gewandelt. Das Ausüben der Sexualität auch außerhalb einer ehelichen Beziehung ist etwas so Normales geworden, dass man offen seine Wünsche formuliert und sie oft auch auslebt. So habe ich zum Beispiel von Ehepaaren gehört, die sich für die Karnevalstage gegenseitig „freigeben". Das bedeutet, dass sie sich vier Tage lang so verhalten dürfen, als wären sie nicht verheiratet. Danach herrscht dann wieder eheliche Treue.

! In unserer Gesellschaft beobachten wir immer mehr, dass die Sexualität in den Stand eines Hobbys versetzt wird.

Nun hat ein Hobby aber den Charakter, dass ich es mit jedem Menschen in meiner Umgebung ausüben kann, es müssen nur beide wollen und Spaß daran haben. Besonders im Gespräch mit Lehrern und Studenten festigt sich diese Beobachtung, nämlich dass Jugendliche ihre Sexualität nicht als etwas Besonderes und Wertvolles betrachten, das mit ihrer ganzen Person zu tun hat, sondern als etwas, das man von Geist und Seele abkoppeln kann. Man hat Lust auf Sex und sucht sich eine Person, die auch Lust darauf hat. Eine gegenseitige Verliebtheit oder eine feste Beziehung sind dafür keine Voraussetzung. „Schwierig wird es nur, wenn sich einer von beiden mehr davon verspricht", Originalton eines Studenten.

Ich kann und will Sexualität nicht von der Seele des Menschen abkoppeln und glaube, dass die Persönlichkeit Schaden nimmt, wenn dies so gehandhabt wird. Abgesehen davon kann ich mir schwer vorstellen, wie ich 10 – 15 Jahre lang Sex als Hobby verstehen und plötzlich nach der Hochzeit treu sein kann. Was passiert, wenn Zeiten der Enthaltsamkeit durch Schwangerschaften, Entbindungen, Krankheiten etc. anstehen? Flammt dann nicht unweigerlich das alte „Hobby" wieder auf? Diese Aufspaltung der Persönlichkeit halte ich für äußerst alarmierend.

Es gibt jedoch interessanterweise zunehmend mehr Teenager, die aus ihrem inneren Empfinden heraus mit der Ausübung ihrer Sexualität warten möchten. Sie sehnen sich vielmehr nach Treue und sind deshalb bereit, enthaltsam zu leben. Umso trauriger ist es, dass ihre Eltern sie dazu ermutigen, sexuelle Erfahrungen zu machen.

Lassen wir diesbezüglich eine 20-jährige Berufsschülerin zu Wort kommen, die in dem Buch *Mein Gott, warum?* Folgendes über die Krankheit AIDS schreibt:

Es macht mich betroffen, dass beim Thema AIDS in der öffentlichen Diskussion die Frage im Vordergrund steht, wie man sich technisch vor dieser Krankheit schützen kann: Vertrauen ist gut, Kondome sind besser. Gibt es niemanden mehr, der uns Jugendlichen den Wert ehelicher Treue klar macht? Über Jahre wurde uns von Eltern, Lehrern und den Massenmedien erklärt: Tut, was euch Spaß macht. Lasst nur nichts aus! Durch Jugendzeitschriften wie „Bravo" wurde uns auch noch demonstriert, wie man das macht. Und wer mit 13 Jahren noch keinen Geschlechtsverkehr hatte, wurde als unnormal hingestellt. Wertvorstellungen und Ideale wurden verdreht. Was übrig bleibt, ist eine katastrophale Orientierungslosigkeit unter uns Jugendlichen …[*]

Geschlechtsverkehr außerhalb der Ehe birgt neben seelischen Verletzungen auch noch andere Gefahrenquellen, so sind die sexuell übertragbaren Krankheiten durch die Freizügigkeit auf diesem Gebiet immens angestiegen. Wobei man zudem bedenken muss, dass viele Menschen krank sind, ohne es zu wissen. Bei der Gonorrhö (im Volksmund „Tripper" genannt) werden beispielsweise bei Frauen 50–70 % und bei Männern 20% aller Ansteckungen nicht bemerkt. Das bedeutet, dass man andere anstecken kann, ohne es zu wissen, und dass sich so genannte „aufsteigende Erkrankungen" anschließen können, die letztlich zur Unfruchtbarkeit führen.

---

[*] Günther Klempnauer, Mein Gott, warum?, Brockhaus, 1988

In einer Zeitungsnotiz* las ich, dass 1,6 Millionen Deutsche akut an einem *Herpes genitalis* erkrankt sind, dabei handelt es sich um eine schmerzhafte Bläschenerkrankung der Geschlechtsorgane durch Herpesviren. Und in einem anderen Artikel** wurde berichtet, dass 1,1 Millionen Männer und Frauen in Deutschland das Bakterium *Chlamydia trachomatis* in ihrem Körper tragen. Hauptbetroffene sind in diesem Fall besonders sexuell aktive Teenager und junge Erwachsene im Alter bis 24 Jahre. Doch rund 90 % der Betroffenen wissen nichts von ihrer Erkrankung, weshalb sie womöglich erst durch eine ihrer Spätfolgen, die Kinderlosigkeit, auf sie aufmerksam werden.

Zwar bietet die Anwendung von Kondomen hier einen gewissen, aber keinen hundertprozentigen Schutz. Der sicherste Weg, sich nicht anzustecken, ist deshalb nur die geschlechtliche Enthaltsamkeit vor der Ehe und die Treue innerhalb der Ehe.

? Zu welcher Zeit besteht in einer Ehe am ehesten die Gefahr eines Ehebruches?

Auf Fortbildungsveranstaltungen, Betriebsausflügen, durch Fahrgemeinschaften, abendliche gesellige Veranstaltungen und Pausenzeiten ergeben sich immer wieder Gelegenheiten, gute und ausführliche Gespräche zu führen, in denen man sich schließlich auch emotional näher kommt. Wenn dann die eigene Beziehung gerade in einer Krise steckt, ist es zum Ehebruch nicht mehr weit.

Leider gibt es in einer Ehe immer wieder Zeiten, in denen es nicht möglich ist, die sexuelle Vereinigung auszuleben. Manche Frauen haben beispielsweise während einer Schwangerschaft keinerlei sexuelle Bedürfnisse oder sie haben Angst, dass dem Kind etwas zustoßen könnte, besonders wenn sie bereits eine Fehlgeburt erlebt haben. Und gegen

---

* Westdeutsche Zeitung vom 21. 3. 98

** Westdeutsche Zeitung vom 31. 1. 00

Ende der Schwangerschaft wird von vielen Ärzten empfohlen, möglichst nicht miteinander zu verkehren, weil eine aufsteigende Entzündung das Kind gefährden könnte. Nach der Entbindung hat dann die Frau oft durch den Dammschnitt erst einmal Schmerzen und hinzu kommt, dass sie während der Stillzeit oft müde ist. Auf diese Weise können sich also einige Monate der Enthaltsamkeit ergeben, die besonders für den Mann, der keine wesentlichen körperlichen und hormonellen Veränderungen durchmacht, ziemlich schwierig sein können. Viele Männer geben zu, dass sie, während des Zeitraums, in dem sie und ihre Frau ein Kind erwarteten, eher für einen Ehebruch anfällig waren.

Aber auch längere Dienstreisen und Krankheiten können die Ursache dafür sein, dass Paare ihren Bedürfnissen nicht so nachkommen können, wie sie es gerne würden. Hier droht Gefahr für einen Seitensprung, wenn man keine festen Richtlinien in sich trägt.

Und was passiert mit mir, wenn ich mir Zeitschriften ansehe, die nackte Frauen und Männer in aufreizenden Stellungen zeigen? Ist es denn verwunderlich, dass meine Gefühlswelt durcheinander gerät, wenn ich auf der Leinwand Menschen zusehe, die sich selbst befriedigen oder miteinander schlafen? Und auch durch das Lesen von Büchern kann meine Phantasie so angeregt werden, dass meine Gedanken nur noch um die Befriedigung meiner Bedürfnisse kreisen.

? Sind Sie bereit, auf bestimmte Zeitschriften und Filme zu verzichten?

Meiden Sie Filme, die Ihre Phantasie in sexueller Hinsicht anregen. Und wenn Sie erst während der Kinovorstellung sehen, um was für einen Film es sich handelt, besteht auch dann immer noch die Möglichkeit, das Kino während der Vorstellung zu verlassen. Beim Fernseher kann man die Fernbedienung sogar aus dem Sessel heraus betätigen. Kaufen Sie sich keine pornographischen Zeitschriften und lesen Sie keine Bücher, die Sexualpraktiken in pornographischer Art darstellen. Versuchen Sie vielmehr die Zeit Ihrer Enthaltsamkeit durch Hobbys wie Sport oder andere interessante Dinge auszufüllen.

? Wie gehen Sie mit Zeiten der Enthaltsamkeit in Ihrer Ehe um?

Manchmal sind wir aber auch selbst daran schuld, wenn sich unser Ehepartner jemand anderem zuwendet.

Annalena bat mich um ein Gespräch. Ihr Mann hatte seit einem Monat eine Beziehung zu einer anderen Frau und sie war tief verletzt, wie so etwas hatte passieren können. Sie hatten miteinander eine vierjährige Tochter und hätten schon seit längerem gerne ein weiteres Kind gehabt, das aber auf sich warten ließ. Nach und nach erfuhr ich von ihr, dass ihr Mann gerade sein Studium der Betriebswirtschaft abgeschlossen hatte. Während dieses Studiums hatte Annalena auf ihren Beruf verzichtet und mehrere Putzstellen angenommen, um in ihrer Zeiteinteilung bezüglich der gemeinsamen Kinderbetreuung flexibler sein zu können. Sie führten aus ihrer Sicht eine durchschnittliche Ehe.

Mit der Sexualität klappte es zwischen ihnen jedoch nicht immer. Er wollte mehr als sie und deshalb war es in der letzten Zeit zunehmend zu Streitigkeiten gekommen. Sie hatte sogar bereits mit dem Gedanken an eine Flucht aus dieser Beziehung gespielt und sich ausgemalt, wie es wohl als Alleinerziehende wäre. Im Verlauf des weiteren Gespräches meinte Annalena: „Wenn er jeden zweiten Tag mit mir schlafen wollte, hab ich ihm manchmal gesagt: ‚Dann hol es dir doch bei einer anderen. Ich habe keine Lust. Ich bin doch kein Kaninchen.‘ Und nicht selten habe ich ihm im Streit hinterhergerufen: ‚Dann geh doch in den Puff, wenn du das brauchst, das ist mir lieber. Aber lass mich in Ruhe.‘“

Wussten Sie, dass 1,1 Millionen deutsche Männer jeden Tag zu einer Prostituierten gehen? Diese erschreckende Zahl las ich 1998 im Idea Spektrum*. Bemerkenswert ist daran auch, dass viele Ehefrauen davon wissen und ihre Männer sogar dazu ermutigen, ins Bordell zu gehen.

Die Zunge ist ein sehr gefährlicher Körperteil. Bitte achten Sie auf Ihre Worte, denn wir können durch das, was wir sagen, unseren Partner in die Arme eines anderen treiben. Und alles, was wir tun, fängt irgendwann einmal in unseren Gedanken an. Sie haben eine enorme Macht. Deshalb sollten wir uns auch nicht wundern und tief verletzt sein, wenn unser Partner genau das macht, was wir ihm in Gedanken und Worten wünschen. Anstatt ihren Mann so lieblos abzuweisen, hätte Annalena deshalb gemeinsam mit ihm eine Lösung finden müssen, mit der sie beide hätten leben können. Es ist wirklich enorm wichtig, dass jeder die Bedürfnisse des Anderen achtet und versucht, in Liebe mit ihnen umzugehen.

Doch wie geht es dem betrogenen Ehepartner? Er braucht oft lange, bis in ihm das alte Vertrauen wieder aufgebaut ist. Derjenige, der den Ehebruch begangen hat, kann zwar den Betrogenen um Vergebung und einen kompletten Neuanfang bitten, doch leider geht das nicht von heute auf morgen. Es ist deshalb ratsam, das Vertrauen zwischen beiden langsam wieder aufzubauen, indem sich besonders der Schuldige in seinen Aussagen überprüfbar macht.

Peter arbeitete oft länger und hatte vor einer Weile ein Verhältnis mit seiner Sekretärin. Als alles ans Licht kam, hatte er die Beziehung bereits gelöst. Er bat seine Frau um Vergebung und erwartete anschließend, dass diese auch weiterhin kein Problem damit hätte, wenn er ihr telefonisch sagte, dass es wieder einmal später werden würde. Für Peters Frau war es hingegen wichtig, dass sie zu jeder Zeit seine Glaubwürdigkeit kontrollieren durfte, indem sie ihn auf der Arbeit anrief oder sogar dort vorbeifuhr, bis das alte Vertrauen von ihrer Seite wieder hergestellt war.

---

* IdeaSpektrum, 46/1998

Lassen Sie sich genügend Zeit, um Ihre verletzte Beziehung neu aufzubauen und das Vertrauen in Ihren Partner wieder herzustellen. Der verletzte und hintergangene Partner hat aus der Sicht des Schuldigen oft ein übertriebenes Bedürfnis nach Kontrolle. Er hat Angst, noch einmal enttäuscht zu werden. Der Vertrauensvorschuss ist aufgebraucht und es ist eine Art Überempfindlichkeit entstanden. Jedes Lächeln, jedes Telefonat, jeder Betriebsausflug kann in einer solchen Situation zu einer Bedrohung werden. Haben Sie Geduld mit sich und dem Anderen und bitten Sie den Schuldigen, sich einmal in die Lage des Opfers zu versetzen. Es kann zwei Jahre und länger dauern, bis das alte Vertrauen wieder hergestellt ist.

Wie sieht es in Ihrer Beziehung aus? Haben Sie den Eindruck, dass Ihr Dreieck der Liebe in einem der Bereiche aus den Fugen geraten ist? Wenn ja, dann nehmen Sie die folgenden Punkte als Anstoß, an Ihrer Beziehung etwas zu ändern. Hier noch einmal zur Erinnerung eine Skizze des Dreiecks der Liebe.

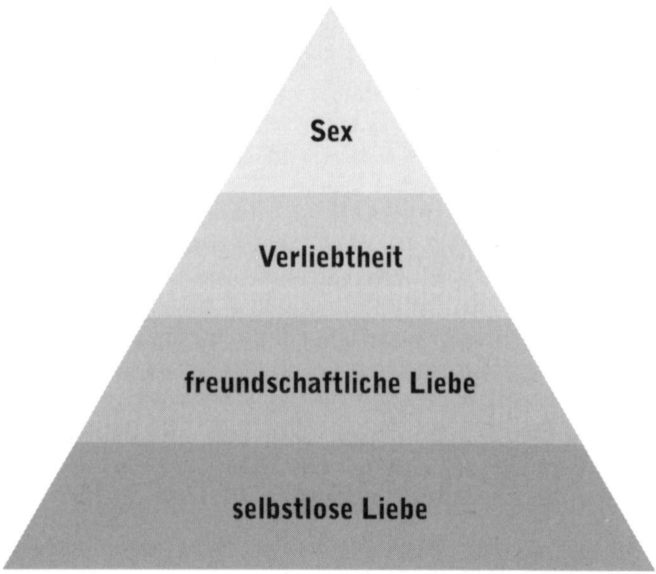

Wenn Sie wenig freundschaftliche Liebe empfinden,

- pflegen Sie Zeiten des gemeinsamen Gesprächs,
- suchen Sie nach Hobbys und anderen Freizeitaktivitäten, die Ihnen beiden Spaß machen,
- formulieren Sie Kritik als Wunsch,
- ermutigen Sie Ihren Partner, Ihnen zu sagen, was Sie in seinen Augen falsch machen,
- suchen Sie die Hilfe Ihres Partners.

Wenn Sie nicht mehr verliebt sind,

- erinnern Sie sich an Situationen, in denen Sie verliebt waren,
- versuchen Sie für Ihren Partner neu attraktiv zu sein,
- gehen Sie mit Ihrem Partner aus,
- schaffen Sie eine romantische Atmosphäre,
- verbringen Sie ungestörte Ehe-Abende und Wochenenden.

Wenn Ihnen selbstlose Liebe fehlt,

- erinnern Sie sich an Ihr Eheversprechen: „Ja, ich will dir treu sein in guten wie in bösen Zeiten.“,
- machen Sie sich bewusst, wie Sie durch Ihren Partner in Ihrer Entwicklung gefördert und beschenkt wurden,
- bitten Sie Gott, Ihnen diese qualitativ so einzigartige Liebe für Ihren Partner zu geben.

Wenn Sie in der sexuellen Liebe Mangel empfinden,

- sprechen Sie über Ihre Gefühle, Wünsche, Sehnsüchte und Verletzungen,
- prüfen Sie, wo Unvergebenheit und Verletzungen Ihrer Hingabe im Wege stehen,
- sprechen Sie mit Ihrem Frauenarzt über mögliche Ursachen (z. B. Anwendung von Verhütungsmitteln),

- lesen Sie Bücher zu dem Thema,
- suchen Sie einen Seelsorger Ihres Vertrauens auf, mit dem Sie Ihre Probleme allein oder als Paar besprechen können.

Kurz & knapp

- ✔ Ehepartner sollten einander die besten Freunde sein. Dazu gehört viel Zeit für intensive Gespräche, gemeinsame Unternehmungen und die Erfahrung, Freud und Leid miteinander zu teilen.

- ✔ Sich immer wieder neu in den eigenen Partner zu verlieben, ist das Salz in der Ehe-Suppe und passiert am einfachsten an Ehe-Abenden und romantischen Wochenenden.

- ✔ Die sexuelle Liebe ist ein Geschenk an die Ehepartner. Sie wächst, wenn beide Partner offen und ehrlich über ihre Gefühle, Verletzungen und Sehnsüchte reden und aufeinander eingehen.

- ✔ Die selbstlose Liebe hat das Ziel, den anderen glücklich zu machen, sie trägt eine Ehe durch Krisen hindurch.

Frei werden von den Fesseln der Vergangenheit

Wenn Sie versucht haben, die Anregungen aus den vorangegangenen Kapiteln umzusetzen und trotzdem noch empfinden, dass es Ihnen oder Ihrem Partner schwer fällt, treu zu sein, dann möchte ich Sie einladen, das nun folgende Kapitel zu lesen.

In diesem Kapitel behandle ich zunächst prägende Einflüsse aus der Kindheit. Es ist hilfreich zu erkennen, was Ihnen vorgelebt wurde und welche Spuren Sie davon in Ihrem Leben finden. Haben Sie sich vielleicht aufgrund des Erlebten unbewusst auf bestimmte Dinge festgelegt, die heutzutage Ihre Partnerschaft belasten?

Anschließend denken wir darüber nach, ob das Prinzip von Saat und Ernte auch in Ihrem Leben gelten könnte. Haben Sie in früheren Partnerschaften Liebe und Treue „gesät“ oder vielmehr Unversöhnlichkeit und Untreue?

Zu guter Letzt wollen wir gemeinsam herausfinden, ob nicht vielleicht Erfahrungen aus anderen Beziehungen vor Ihrer Ehe Ihre gegenwärtige Partnerschaft beeinflussen und vielleicht sogar in mancher Hinsicht blockieren.

Prägende Einflüsse aus der Kindheit: Hilfe oder Hemmschuh?

Anhand der nachfolgenden Erlebnisberichte möchte ich verdeutlichen, wie sehr uns die Vergangenheit prägen und unser heutiges Handeln beeinflussen kann.

Annette und Bernd sind seit sechs Jahren miteinander verheiratet. Sie haben einen fünfjährigen Sohn und eine dreijährige Tochter und machen mit uns gemeinsam Urlaub. Nach einiger Zeit fragen unsere Kinder: „Mama, ist dir auch aufgefallen, dass Annette und Bernd sich nie miteinander streiten und dass sie auch ihren Kindern gegenüber niemals laut werden?“

In einem anschließenden Gespräch mit Annette und Bernd erfahren wir, dass sie beide aus geschiedenen Elternhäusern stammen und dass Streit deshalb für sie etwas Bedrohliches ist. Aus diesem Grund vermeiden sie so gut es geht jegliche Auseinandersetzungen und können es auch kaum ertragen, wenn unsere Kinder lautstark miteinander diskutieren. Denn ganz tief in ihrem Innern haben sie schreckliche Angst davor, dass auch ihre Ehe misslingen könnte. Und so haben sie sich geschworen, dass sie sich niemals streiten wollen.

Welche Schlüsse haben Annette und Bernd nun aus ihrer Kindheit gezogen?

Wenn ich mich streite, insbesondere laut streite, dann führt das unweigerlich zu einer Scheidung. Wenn ich aber allem Streit aus dem Weg gehe, wird meine Ehe bestehen.

Doch das sind fatale Lügen. Denn wenn ich all meinen Ärger ständig herunterschlucke, Verletzungen nicht anspreche, bei Unstimmigkeiten schweige oder gar fliehe, entwickele ich mich unweigerlich zu einem Vulkan, der irgendwann explodiert.

Melanie, 15 Jahre alt, erzählt: „Meine Mutter ist zweimal geschieden und lebt jetzt mit einem Freund zusammen. Ich kann nicht daran glauben, dass es gut ist, mit nur einem einzigen Mann sein ganzes Leben zu teilen. Das muss doch langweilig sein."

Melanie wurde in ihrer Jugend so geprägt, dass eine glückliche Ehe nicht möglich ist. Sie musste bereits zwei Scheidungen verarbeiten und ist sich auch jetzt nicht sicher, dass die gegenwärtige Beziehung ihrer Mutter von Dauer sein wird. Ist es da ein Wunder, dass sie keine Perspektive für eine eigene, lebenslange Ehe hat?

Wie anders sind dagegen Sabrinas Erlebnisse:

Sabrina, 16 Jahre alt: „Ich fände es ganz furchtbar, wenn meine Eltern nicht verheiratet wären. Ich weiß nicht, wie ich die Unsicherheit ertragen könnte, ob sie für immer zusammenbleiben oder nicht. Ich brauche diese Sicherheit, die mir ihr Versprechen vor Gott und den Menschen, sich nicht scheiden zu lassen, vermittelt. Ich selber möchte auch einmal heiraten und nicht nur so mit einem Mann zusammenziehen."

Als ich zu einem Vortrag in der neunten Klasse einer Gesamtschule eingeladen war, stellte ich die Frage, wer von den anwesenden Schülern später einmal heiraten wolle. Als sich alle meldeten, drehte ich mich zu ihrem Klassenlehrer um und fragte ihn, ob dies auf seinen guten Einfluss zurückzuführen sei? Daraufhin meinte die Klassensprecherin: „Ja, er schwärmt immer so von seiner Frau und seinen beiden Kindern. Da kann man gar nicht anders, als auch den Wunsch bekommen, einmal zu heiraten."

? Können Sie sich daran erinnern, dass Sie als Kind Vorbilder für eine funktionierende Ehe hatten?

Wenn Kinder in ihrem Elternhaus erlebt haben, dass zwei Menschen gemeinsam durch Krisen gehen und dass es sich lohnt, die Höhen und Tiefen des Lebens miteinander durchzustehen, dann haben sie häufig den Wunsch, später auch einmal zu heiraten und selbst Kinder zu bekommen.

Andreas, 25 Jahre alt, hat mir gegenüber bezüglich seines Elternhauses folgende Äußerungen gemacht: „Meine Eltern haben sich oft gestritten, aber irgendwie hatte ich trotzdem die feste Gewissheit, dass sie sich niemals trennen würden. Das, was mich am meisten an ihnen beeindruckte, war ihre bedingungslose Treue zueinander. Nie war da eine andere Beziehung im Spiel. Deshalb war es auch mir sehr wichtig, meiner Frau bei unserer Eheschließung die Treue zu versprechen."

Diese Prägung kann aber auch durch die Ehe eines Lehrers, durch das Vorbild von Freunden der Eltern oder anderer Personen erfolgen.

Die Frage in der Überschrift lautete nun aber: Prägung – Hilfe oder Hemmschuh? Anhand der Beispiele sehen wir, dass die Prägung auf der einen Seite wie eine Hilfe wirken kann, nämlich dort, wo mir innerhalb einer Ehe Treue vorgelebt wurde. Erfahre ich hingegen als Kind im Elternhaus Untreue, kann mich das Vorbild aber auch daran hindern, selber an den Erfolg meiner Ehe zu glauben. Die Prägung wirkt dann wie ein Hemmschuh.

Wie wurde in Ihrem Elternhaus mit Treue umgegangen?

Abgesehen von der Prägung scheint es aber bezüglich unserer Lebensgestaltung und unseres Lebensverlaufes auch so etwas wie ein Erbe zu geben:

Als Katharina 19 Jahre alt ist, wird sie ungewollt schwanger. Im Gespräch stellt sich heraus, dass sie selber ein uneheliches Kind war.

Katharina wurde also nicht unbedingt vorgelebt, dass man mit 19 schwanger werden soll, aber es scheinen sich ähnliche Ereignisse von Generation zu Generation zu „vererben".

Auch im Leben von Martin spielt sich das Gleiche ab, wie im Leben seiner Eltern. Er wird mit 25 Jahren Vater, ist nicht verheiratet und wird seinen Sohn nicht selbst großziehen können. Sein Sohn wird in einer Pflegefamilie aufwachsen und er ist froh, dass es sein Sohn besser haben wird, als er selbst. Er war zunächst sechs Jahre in einem Kinderheim, bevor ihn seine Großeltern schließlich zu sich nahmen.

Müssen sich aber unsere „Schicksale" von Generation zu Generation wirklich immer wiederholen?

Max hatte sich als 16-Jähriger fest vorgenommen: „Ich will nie so werden wie mein Vater." Doch heute, dreißig Jahre später, muss er zugeben, dass er sich in den meisten Punkten genauso entwickelt hat, wie er es nie wollte. Er reagiert und handelt wie sein Vater und hört es gar nicht gerne, wenn seine Kinder meinen: „Du bist wie der Opa."

Manchmal bekommt man in seinem näheren Umfeld Bemerkungen zu hören wie: „Meine Nachbarin hat einen Mann geheiratet, der genauso jähzornig ist wie ihr Vater. Wie konnte sie sich nur auf so einen Mann einlassen?" oder auch: „Die

Frau meines Neffen könnte die Kopie seiner Mutter sein. Als Kind hat er sehr unter der Dominanz der eigenen Mutter gelitten und jetzt hat er eine Frau geheiratet, die ihn ebenso herrisch behandelt."

Wir Menschen sind also offensichtlich so sehr durch unsere Kindheit geprägt, dass wir quasi nach dem Schlüssel-Schloss-Prinzip handeln und uns das suchen, was wir von klein auf kennen.

Aber es gibt Hoffnung.

Elisabeth erzählt: *„Meine Eltern haben sich oft und laut miteinander gestritten. Manchmal habe ich gesehen, wie mein Vater meine Mutter sogar schlug. Sie haben sich dann scheiden lassen, als ich 10 Jahre alt war. Ich habe sehr darunter gelitten und wünschte mir nichts sehnlicher, als selber eine eigene, heile Familie zu haben. Gleichzeitig hatte ich aber auch große Angst davor, dass sich bei mir das Gleiche abspielen würde wie in meinem Elternhaus. Erst als ich erfuhr, dass Gott wirklich lebt und uns in allem helfen will, habe ich den Mut gefunden, diese große Verantwortung einer Ehe auf mich zu nehmen. Ich bete zu Gott, dass er mir immer genug Liebe und Geduld für meinen Ehemann schenken möge. Er hilft mir Konflikte auszuhalten. Früher hatte ich ständig Angst, dass meine Ehe unweigerlich scheitern würde, da ich es als Kind einfach nicht erlebt habe, dass meine Eltern auch in Schwierigkeiten zusammenblieben, so dass mir die Gewissheit fehlte: ‚Ich kann es auch schaffen.'"*

Mir persönlich hat diesbezüglich das Bild von der dreifachen Schnur geholfen. In der Bibel (Prediger 4,12) steht geschrieben: „Einer mag überwältigt werden, aber zwei können widerstehen, und eine dreifache Schnur reißt nicht leicht entzwei."

Die dreifache Schnur ist hier ein Bild für die Ehe, in der Mann und Frau zusammen mit Gott eine Gemeinschaft, ja einen Bund bilden. Ein dreifaches Seil ist extrem belastbar. Wenn wir also in diesem Bild bleiben, ist dementsprechend auch eine Ehe sehr belastbar, wenn sich beide Partner an

Gottes Wort halten, ihn ernst nehmen und seine Hilfe suchen. Dabei ist ein ganz wichtiger Aspekt, dass beide dazu bereit sind, sich gegenseitig zu vergeben und den Anderen auch um Vergebung zu bitten. Durch gegenseitiges Vergeben wird man ehefähig.

Neben fehlenden positiven Vorbildern für unsere Ehe kann auch unsere geistige Haltung gegenüber unserem Leben und damit auch gegenüber unseren Beziehungen die tatsächlichen Ereignisse beeinflussen. Ein Aspekt ist hier zum Beispiel unsere Angst, die der Auslöser für bestimmte Ereignisse zu sein scheint, die dann auch tatsächlich eintreffen. Ich kann mich noch gut an eine Begebenheit erinnern, die mir mein Vater erzählt hat, der als Landarzt tätig war. Jahrelang hatte eine seiner Patientinnen Angst davor gehabt, irgendwann einmal Lungenkrebs zu bekommen. Fast jedes Jahr war sie zu meinem Vater gekommen mit der Bitte, sich röntgen zu lassen. 30 Jahre lang war die Lunge ohne Befund gewesen, aber eines Tages erhielt er tatsächlich das Ergebnis: „Schatten auf der Lunge, dringender Verdacht auf Lungenkrebs." Die Frau starb dann auch einige Monate später an diesem Tumor.

In der Bibel finden wir diesbezüglich eine Aussage im Buch der Sprüche, Kapitel 10, Vers 24: „Was der Gottlose fürchtet, das wird ihm begegnen; und was die Gerechten begehren, wird ihnen gegeben."

Vielleicht sagen Sie nun: „Ich bin nicht gottlos. Ich glaube an Gott. Also trifft dieser Satz auf mich nicht zu." Es kann aber sein, dass Sie zwar an Gott glauben, aber in vielen Situationen Ihres Lebens so handeln, wie Sie es selbst für richtig halten und dabei nicht auf die Idee kommen, Gott um Hilfe zu bitten.

Kennen Sie nicht auch Aussagen wie die folgenden: „Wenn ich meine Mutter besuche, werden wir uns bestimmt wieder streiten", oder: „Wenn ich in die Stadt fahre, werde ich bestimmt keinen Parkplatz bekommen", oder: „Ich brauche nur schwimmen zu gehen und schon bin ich wieder erkältet."

? Haben Sie auch schon Menschen beobachtet, die sich selbst immer wieder etwas Negatives prophezeien, das dann auch mit sehr großer Wahrscheinlichkeit eintrifft?

Manche dieser Menschen mögen vielleicht an Gott glauben, aber auf ihre negative Erwartungshaltung hat das keinen Einfluss. In solchen Situationen vertrauen sie ausschließlich ihren negativen Erfahrungen. Wenn sie Gott aber mit einbeziehen würden, könnten sie beispielsweise beten: „Vater im Himmel, ich setze mein Vertrauen auf dich. Du weißt, dass ich mich mit meiner Mutter sehr oft gestritten habe, aber mich nicht streiten will. Hilf mir, sie in Liebe anzunehmen. Schenk mir Weisheit, sie nicht zu verletzen."

? In welchen Bereichen Ihres Lebens sind Sie von negativen Erfahrungen geprägt?

Mit Gottes Hilfe können Sie Ihre Angst überwinden, auch die Angst, dass Ihre Ehe genau wie die Ihrer Eltern scheitern wird. Und das ist sehr wichtig, weil Ihre Angst unweigerlich Ihr Verhalten beeinflussen wird und dabei immer ein schlechter Ratgeber ist. Und nicht zuletzt macht man oft mehr Fehler, wenn man ständig befürchtet zu versagen. Dieses Phänomen ist wie eine Gesetzmäßigkeit in der Physik, man kann ihr aus eigener Kraft nur schwer entrinnen.

Erst wenn wir Gott vertrauen, stehen wir nicht mehr unter diesem geistlichen Gesetz. Wir können dann zum Beispiel beten: „Vater, bitte nimm mich jetzt an die Hand, ich will deinen Schutz und deine Gegenwart spüren. Hilf mir, meine Angst zu überwinden", oder: „Jesus Christus, ich gebe dir die Angst, dass meine Ehe scheitern wird. Du bist der Weg und ich vertraue dir, dass du mich lehren kannst, eine Ehe zu führen, die nicht zerbricht."

Nun reagiert aber jeder Mensch auf die Einflüsse aus seiner Kindheit mehr oder weniger bewusst. Bezogen auf unser Thema der Treue innerhalb der Ehe ist eine mögliche Reaktion auf die Scheidung der eigenen Eltern die Angst vor einer eigenen Ehe, die durch die folgenden Gedanken auch noch geschürt wird: Treue in einer Ehe ist unmöglich. Ich werde nie treu sein können. Meine Eltern waren einander schon untreu und ich werde es bestimmt auch sein.

? Kennen Sie solche Gedanken?
Möchten Sie sie loswerden?

Wenn Sie sie wirklich loswerden wollen, dann müssen Sie als Erstes die folgende Entscheidung treffen: „Ich will treu sein." Denn wenn Sie das nicht tun, werden Sie keinerlei Veränderung erleben. Doch selbst wenn Sie sich heute für die Treue entschieden haben, werden bestimmt auch weiterhin Versuchungen auf Sie zukommen, sodass Sie in jeder dieser Situationen wieder neu die Frage in sich hören werden: „Willst du treu sein?" Unsere Entscheidungen werden im Leben nun einmal oft hinterfragt. Wir sollten in solchen Situationen nicht erschrecken, sondern sie als Chance betrachten in unserer Willensentscheidung fester zu werden.

Ich möchte Ihnen Mut machen, den Kampf gegen die Untreue nicht alleine aufzunehmen, sondern Gott mit einzubeziehen. Gott ist treu und er fordert uns in seinem Wort immer wieder zur Treue auf. Darüber hinaus verspricht uns Gott außerdem seine Hilfe, wenn wir ihn darum bitten.

Vielleicht ist es für Sie hilfreich, einmal wie folgt zu beten: „Vater im Himmel, ich leide unter meiner eigenen Untreue. Bitte stärke meinen Glauben, dass ich treu sein kann. Ich will nicht länger den Lügen glauben, dass es unmöglich ist, treu zu sein, auch wenn meine Eltern mir etwas anderes vorgelebt haben."

Saat und Ernte – ein Prinzip auch in Ihrem Leben?

In dem nun folgenden Abschnitt möchte ich mit meinen Überlegungen über die Prägungen durch unser Umfeld hinausgehen und auf das Prinzip von Saat und Ernte eingehen. Dabei geht es um unseren eigenen Anteil am Gelingen einer Partnerschaft, speziell darum, wie wir in unserem bisherigen Leben mit Treue umgegangen sind.

Damit Sie dieses Prinzip besser verstehen, möchte ich Ihnen von Thomas und Anke erzählen. Sie wohnen gemeinsam mit Ihrem 2-jährigen Sohn Klaus und Ankes Vater auf einem Bauernhof.

Als Ankes Vater immer öfter seinen Kaffee verschüttet, setzen sie ihn während der Mahlzeiten an einen Extratisch. Eines Tages beobachtet Anke, wie ihr Sohn Klaus mit Bausteinen spielt. Sie fragt ihn, was er denn gerade baue. Klaus antwortet daraufhin: „Das hier ist ein großer Esstisch für mich und meine Frau und das ist ein kleiner Tisch für euch, wenn ihr einmal alt seid."

Was haben Anke und Thomas hier in Klaus gesät? Wenn dir die alten Leute um dich herum peinlich und lästig werden, dann gehe so mit ihnen um, dass sie dich nicht mehr stören. Und genau das wird Klaus wahrscheinlich auch mit seinen Eltern machen.

Treue hat viele Facetten, sie fängt bereits damit an, wie ich mit geliehenen Dingen umgehe. Gebe ich sie zum Beispiel zurück, ohne dazu aufgefordert zu werden? Treue ist wichtig, wenn ich ein Versprechen gegeben habe und sie hat auch etwas mit dem Tragen von Verantwortung zu tun. Bin ich treu, wenn ich verspreche, meinen Vater zu pflegen oder wenn ich eingewilligt habe, auf die Kinder meiner Freundin aufzupassen? Und genauso hat Treue etwas damit zu tun, wie ich in Freundschaft und Ehe zu meinem Partner stehe.

? Haben Sie in Ihrem bisherigen Leben Treue gesät?

Als Jens eines Tages einen Vortrag über „Saat und Ernte“ hört, ist er gespannt, ob das Prinzip auch in seinem Leben wirkt. Aufmerksam überdenkt er die letzten Wochen und als er über das Thema Unzuverlässigkeit nachdenkt, beginnt er zu verstehen:

„Warum versetzt Elke mich immer wieder, obwohl sie mir versprochen hat, meine Hosen zu kürzen?“, fragt sich Jens. „Eigentlich ist meine Frau doch immer so zuverlässig. Könnte es vielleicht etwas mit mir zu tun haben? Bin ich vielleicht auch hin und wieder in der Erledigung meiner Versprechen nachlässig?“, geht es ihm durch den Kopf. Plötzlich fällt ihm ein: „Ich hatte Elke versprochen, einmal pro Woche den Rasen zu mähen und jetzt sind schon zwei Wochen vergangen, ohne dass etwas geschehen ist. Auch auf der Arbeit hatte ich versprochen, mich um den Betriebsausflug zu kümmern, aber die dazu nötigen Telefonate habe ich immer vor mir hergeschoben.“

Könnte es nicht sein, dass Jens in diesem Beispiel die Ernte für seine eigene Untreue einfuhr?

Im vorigen Abschnitt haben wir bereits ein wichtiges geistliches Gesetz bezüglich der Angst, die das Eintreffen befürchteter Ereignisse auslösen kann, kennen gelernt. Hier begegnet uns nun ein zweites geistliches Gesetz, das in der Bibel in Galater 6,7 folgendermaßen beschrieben wird: *Das, was der Mensch sät, wird er ernten.* Und in Hosea 8,7 steht geschrieben: *Der Mensch sät Wind und er erntet Sturm.*

In der zweiten Bibelstelle lesen wir von einer Vermehrung der Saat. Der Mensch sät nur Wind, doch anstelle Wind zu ernten bekommt er Sturm. Ich möchte Sie deshalb sehr sensibel machen für die Saat, die Sie ausstreuen.

? Haben auch Sie in Ihrem Leben Spuren von Saat und Ernte entdeckt?

Ernten Sie vielleicht jetzt in Ihrer Ehe Untreue, weil Sie es in früheren Beziehungen mit der Treue nicht so genau genommen haben? Wann fängt Untreue an? Beim Flirten, im Gespräch, in Gedanken?

Überlegen Sie einmal, was Sie in Ihrem Leben bisher gesät haben. Und wenn Sie in Ihrer Vergangenheit Untreue entdecken, so können Sie Gott jetzt um Vergebung dafür bitten und darum, dass Sie später einmal nicht die Ernte für Ihre Untreue einbringen müssen. Manchmal ist es im Zuge dieser Aufarbeitung der eigenen Fehler auch wichtig, mit den Menschen, an denen man treulos gehandelt hat, zu sprechen und sie dafür um Vergebung zu bitten.

Voreheliche Beziehungen: Frust oder Gewinn?

Alles, was wir im zwischenmenschlichen Bereich erleben, prägt uns und kann Einfluss auf unser späteres Leben haben. Und doch ist oft nicht die Prägung ausschlaggebend, sondern unsere Reaktion auf diese Prägung. So können die gleichen Ereignisse bei unterschiedlichen Personen auch unterschiedliche Reaktionen hervorrufen. Als Mensch bin ich nun einmal für meine Antwort auf alle Einflüsse von außen verantwortlich.

„Das werden mir die Frauen büßen", schimpft Martin. „Ich lasse mich nicht so behandeln." Martin ist zutiefst verletzt, weil ihn seine Freundin verlassen hat. „Die nächsten Frauen an meiner Seite werde ich nur benutzen", sagt er.

Doch was kann die nächste Frau dafür, dass sie für alles, was verschiedenste Frauen Martin angetan haben, büßen muss: seine Mutter, Oma, Schwestern, Lehrerinnen, Freundinnen.

Dieser Geschlechterhass kann sogar so weit gehen, dass man sich immer mehr einigelt oder immer wieder an den Personen des anderen Geschlechts bewusst oder unbewusst Rache übt. Ich kenne Frauen, die voller Wut gesagt haben: „Nie werde ich einem Jungen das Leben schenken", weil sie von Brüdern oder ihrem Vater verletzt und enttäuscht wurden.

Und ich denke an Claudia.

Claudia verlor mit sieben Jahren ihren ein Jahr jüngeren Bruder, mit dem sie immer gespielt hatte, durch einen Autounfall. Die Eltern waren so voller Trauer, dass sie gar nicht merkten, wie sehr sie Claudia in ihrem Leid alleine ließen. Erst als nach weiteren fünf Jahren wieder ein Sohn geboren wurde, kam erneut Freude in die Familie. Doch von da an konzentrierte sich alles auf den neuen Sohn, sodass Claudia sich von ihren Eltern nicht geliebt fühlte. Später heiratete sie einen sehr liebevollen Mann.

Bei einem Gespräch schüttete sie mir ihr Herz aus. Sie litt sehr darunter, dass sie ihrem Mann nicht voll vertrauen, ihn nicht ganz lieben konnte, aus Angst, von ihm verlassen zu werden. Erst als ihr bewusst wurde, dass sie zur gleichen Zeit ihre beiden liebsten männlichen Bezugspersonen, nämlich ihren Bruder durch seinen Tod und ihren Vater durch seine Trauer, verloren hatte, konnte sie erkennen, dass sie unbewusst Angst hatte, auch ihren Mann zu verlieren, wenn sie ihn zu sehr lieben würde.

Zunächst vergab sie ihrem Vater, dass er sie in ihrer Trauer allein gelassen hatte und dann bat sie Gott um Heilung für ihre Verletzungen und Schmerzen und erlebte, dass sich eine neue und anhaltende Liebesbeziehung zu ihrem Mann entwickelte.

Claudia war noch immer an ihren geliebten Bruder gebunden, das wurde ihr durch unser Gespräch erst allmählich bewusst. Viele dieser Fesseln haben einen nicht ganz so dramatischen Ursprung und können einen doch aus der Fassung bringen, so zum Beispiel Johannes:

Petra und Johannes sitzen in der Eisdiele und unterhalten sich. Petra spielt währenddessen immer wieder mit ihren Haaren.

Plötzlich rastet Johannes aus. „Kannst du das blöde Gefummel mit deinen Haaren nicht endlich lassen?“

Petra ist verletzt und versteht die Heftigkeit seines Ausbruches nicht.

Hätte Johannes nicht auch ganz sachlich sagen können. „Es stört mich, wenn du ständig mit deinen Haaren spielst?“ Dieses Drehen an den Haaren erinnerte Johannes an seine Ex-Freundin, die ihn damit immer aus der Ruhe bringen wollte. Und nun kam in ihm durch Petras Verhalten der ganze Frust über seine zerbrochene Beziehung wieder hoch.

Immer wenn Sie bei sich oder anderen Personen derartige Überreaktionen feststellen, können Sie von wunden Punkten in Ihrem Leben ausgehen, die noch nicht verheilt sind. Dabei können diese Bereiche ihren Ursprung sogar bereits in Ihrer frühesten Kindheit haben.

Carola gibt Arne einen Brief zu lesen, mit der Bitte um einen kurzen Kommentar. Arnes Bemerkung: „Ich habe zwei Kommafehler entdeckt“, löst jedoch bei Carola einen Wutausbruch aus.

Arne versteht die Welt nicht mehr: „Was habe ich denn falsch gemacht?“

Carola muss daraufhin zugeben, dass ihre Reaktion nicht gerade angemessen war. Und nach einigem Nachdenken findet sie den Schlüssel zu ihrem Verhalten. Ihr Vater hatte früher nie etwas zu dem Inhalt ihrer Aufsätze gesagt, sondern immer nur ihre Zeichensetzung korrigiert. So hatte Arne also einen wunden Punkt bei ihr getroffen.

„Der längste Weg ist der Weg zu dir selbst“, hat mir einmal eine Freundin gesagt. Und das stimmt. Mich selbst zu verstehen, in meinen vielen Reaktionen, das ist ein langer Weg. Aber es lohnt sich, daran zu arbeiten.

So kann zum Beispiel unvergebene Schuld in einer Beziehung wie ein Klotz am Bein sein, der Ihre Entwicklung hemmt. Doch bitte verstehen Sie mich nicht falsch; ich plädiere nicht dafür, von morgens bis abends immer über das eigene Versagen nachzudenken, aber es ist wichtig, mit Problempunkten, die einem bewusst werden, richtig umzugehen.

Kennen Sie das Buch „Der Vorleser" von Bernhard Schlink? In diesem Buch wird sehr eindrucksvoll beschrieben, wie sich die Liebesgeschichte zwischen der 36-jährigen Hanna und dem 15-jährigen Schüler Michael Berg entwickelt. Der Leser ahnt von vornherein, dass diese sexuelle Beziehung nicht sein darf, weil sie nicht halten kann, und doch geben sich beide der Versuchung hin. Als Michael Berg für die Schule nichts mehr tut, droht Hanna ihm mit dem Ende ihrer Beziehung. Daraufhin bringt er hoch motiviert gute Leistungen und er scheint einen erheblichen Entwicklungssprung zu machen. Doch dann geschieht das Unfassbare: Hanna ist plötzlich verschwunden. Michael trauert sehr und hat anschließend noch viele andere Beziehungen. Aber letztendlich „büßen" alle weiteren Frauen für Hannas Verschwinden und werden nur von ihm benutzt. Keine riecht wie Hanna, keine fühlt sich an wie Hanna, ist immer wieder seine enttäuschende Feststellung. Und doch heiratet er und bekommt später eine Tochter. Auch diese Beziehung scheitert. Als Michael Berg seine Lebensgeschichte später einer Frau erzählt, wird diese Frau wütend auf Hanna und sie schreit stellvertretend für all die Frauen auf, die benutzt wurden.

Warum erzähle ich Ihnen diese Geschichte? Weil ich aus diesem Buch den Rat herauslese, mit Versuchungen vorsichtig zu sein. Alles, was Sie heute tun, hat mehr oder weniger starke Auswirkungen auf später. Überlegen Sie sich gut, wie weit Sie in Ihren Beziehungen gehen wollen.

Die 16-jährige Silke erzählt: „Mein Bruder hatte schon mit 12 Jahren die ersten sexuellen Erfahrungen mit einer 25-Jährigen. Anschließend hatte er noch verschiedene andere Freundinnen und gab immer wieder mit seinen zahlreichen Erfahrungen mit Frauen an. Als er dann 17 Jahre alt war, traf er ein sehr nettes Mädchen, doch als er sich mit ihr verabreden wollte und ihr seinen Namen sagte, meinte sie nur: „‚Ich habe schon so viel von dir gehört. Du kannst nicht treu sein. Mit dir verabrede ich mich nicht.'“

Aber nicht nur die verletzenden, sondern auch die schönen Erlebnisse beeinflussen eine spätere Ehe. So gestand mir einmal ein Bekannter: „Gerade die wunderbaren Erlebnisse mit anderen Frauen vor meiner Ehe hindern mich heute daran, tiefes, sexuelles Glück mit meiner Frau zu erleben. Ich würde heute viel darum geben, wenn ich das Rad der Geschichte zurückdrehen könnte.“

Mark und Svenja sind seit zwei Jahren befreundet. Immer wieder hatten sie sich versprochen, über alles miteinander zu reden. Svenja hatte Mark gebeten: „Wenn du mich nicht mehr lieben solltest, dann sag es mir bitte ins Gesicht. Ich möchte es nicht durch andere hören oder am Telefon.“ Und jetzt hielt sie einen Brief ihrer besten Freundin in der Hand. Angeblich hätte Mark sich in den letzten Wochen häufiger mit Anja getroffen und gestern habe sie die zwei Händchen haltend und schmusend in der Stadt gesehen. „Ich möchte, dass du es weißt“, hatte ihre Freundin geschrieben. Tränen liefen über Svenjas Gesicht, als sie darüber nachdachte, was sie so verletzte. Der Grund lag nicht unbedingt darin, dass ihre Freundschaft zu Ende war, sondern mehr, dass Mark sein Versprechen nicht eingehalten hatte. Hatten sie sich nicht versprochen, die Freundschaft unter vier Augen zu beenden?

In der Altersspanne von 15 bis 25 Jahren ist es normal, dass man erlebt, wie Freundschaften entstehen und auch wieder aufgelöst werden. Dabei ist es jedoch ganz wichtig, dass eine Beziehung zu einem guten Ende geführt wird, wenn sie nicht mehr funktionieren sollte. Darüber hinaus rate ich Ihnen, nach einer Trennung keine schmutzige Wäsche zu waschen, und Geheimnisse auch weiterhin für sich zu behalten.

? Haben Sie in früheren Beziehungen Enttäuschungen erlebt?
Sind Sie schon einmal verlassen worden?
Wie sind Sie mit diesen Enttäuschungen umgegangen?

Es ist wirklich wichtig, die Vergangenheit aufzuarbeiten, am besten, bevor man in eine neue Beziehung geht. Doch was verstehe ich unter einer solchen Aufarbeitung?

Aufarbeitung bedeutet,

- sich darüber Gedanken zu machen, warum die Beziehung gescheitert ist,
- eigene Schuld und die Schuld des Anderen zu erkennen,
- Schuld zu vergeben und um Vergebung zu bitten,
- die Beziehung abzuschließen.

Es kann außerdem hilfreich sein, mit anderen über die gescheiterte Beziehung zu sprechen. Wenn diese Aufarbeitung nicht erfolgt, passieren einem leicht die gleichen Fehler auch in einer neuen Partnerschaft.

Kurz & knapp

- ✔ Arbeiten Sie Ihre Vergangenheit auf.
- ✔ Vergeben Sie Menschen, die Sie verletzt haben.
- ✔ Entdecken Sie Einflüsse aus der Vergangenheit, die Sie stark geprägt haben und überlegen Sie, wie Sie mit ihnen umgehen wollen.
- ✔ Entscheiden Sie sich für die Treue.
- ✔ Überlegen Sie, was Sie in Ihrem bisherigen Leben gesät haben.
- ✔ Suchen Sie nach möglichen Auslösern in Ihrer Vergangenheit, wenn Sie einmal überreagiert haben.
- ✔ Nehmen Sie Gottes Hilfe in Anspruch.

Was sagt die Bibel zum Thema Treue?

Dieses Buch begann mit der Frage eines Teenagers: „Geht das überhaupt, ein Leben lang treu zu bleiben?“

Diese Frage ist nicht leicht zu beantworten, wie wir im Laufe dieses Buches gesehen haben. Doch ich persönlich habe einen Anlaufpunkt, an dem ich viele solcher Fragen beantwortet bekomme, und dieser ist Gott. In seinem Wort, der Bibel, finde ich Wegweisung für meinen Alltag und es ist für mich aus diesem Grund entscheidend, was dort zum Thema Treue zu lesen ist. Ich habe mir also zunächst folgende Fragen gestellt: Ist Treue Gottes Plan für die Ehe? Kann ich in Gottes Beziehung zu uns Menschen und speziell zu mir persönlich erkennen, dass Gott treu ist? Möchte Gott auch in diesem Bereich meines Lebens mir ein Vorbild sein?

Gott ist treu

- *Die Wege des Herrn sind lauter Güte und Treue* (Psalm 25,10).
- *Sollte ihre Untreue Gottes Treue aufheben?* (Römer 3,3).
- *Gott ist treu* (1. Korinther 10,13).

In meinem Leben habe ich immer wieder Gottes Handschrift der Treue entdecken können. Auch wenn ich versage, meine Versprechen nicht halte, sündige, mich von ihm abwende, andere Dinge an die erste Stelle setze, ist er treu und breitet seine Arme aus, wenn ich zurückkehre und ihn um Vergebung bitte, wie wir in der Geschichte vom verlorenen Sohn lesen (Lukas 15,11–32).

Er ist ein eifersüchtiger Gott

Gott ist nicht nur treu, sondern auch eifersüchtig. Er möchte von ganzem Herzen die ungeteilte Liebe von uns Menschen haben. Auch in dieser Sehnsucht ähneln wir ihm. Wer will seinen Partner schon gerne mit einer zweiten Person teilen?

Gott kennt Ihre Gefühle, wenn Sie verletzt wurden, wenn Ihr Partner Sie betrogen hat, denn ihm geht es mit uns oft genauso:

- *Denn ich, der Herr, dein Gott, bin ein eifernder Gott (2. Mose 20,5).*
- *Du sollst den Herrn, deinen Gott, lieben von ganzem Herzen, von ganzer Seele und von ganzem Gemüt. Dies ist das höchste Gebot (Matthäus 22,37).*

Gott hasst Ehebruch

Gott verbietet Ehebruch. Es ist ihm ein Gräuel, wenn jemand seiner langjährigen Frau untreu wird. Dabei ist außerdem zu beachten, dass Ehebruch auch in Gedanken stattfinden kann. Nach außen hin habe ich vielleicht eine reine Weste, denn ich habe meine Gedanken nicht in die Tat umgesetzt, aber Gott ist ein Richter der Taten *und* des Herzens (Hebräer 4,12).

- *Du sollst nicht ehebrechen* (2. Mose 20,14).
- *Die Ehen sollen in Ehren gehalten werden bei allen und das Ehebett unbefleckt* (Hebräer 13,4).
- ... *Gott mag das Opfer nicht mehr ansehen noch etwas Angenehmes von euren Händen empfangen. Ihr aber sprecht: „Warum das?“ Weil der Herr Zeuge war zwischen dir und dem Weib deiner Jugend, dem du treulos geworden bist, obwohl sie doch deine Gefährtin und die Frau ist, mit der du einen Bund geschlossen*

hast. Nicht einer hat das getan, in dem noch ein Rest von Geist war. Denn er sucht Nachkommen, die Gott geheiligt sind. Darum so seht euch vor in eurem Geist, und werde keiner treulos dem Weib seiner Jugend (Maleachi 2,13–15).

- *Ihr habt gehört, dass gesagt ist: „Du sollst nicht ehebrechen. Ich aber sage euch, wer eine Frau ansieht, um sie zu begehren, der hat schon mit ihr die Ehe gebrochen in seinem Herzen"* (Matthäus 5,27–28).
- *Das Wort Gottes ... ist ein Richter der Gedanken und Sinne des Herzens* (Hebräer 4,12).

Gott nimmt Bündnisse sehr ernst

Aus der Bibel lese ich heraus, dass Gott alle Bündnisse sehr ernst nimmt, auch solche, die wir ohne ihn zu fragen oder sogar gegen seinen Willen geschlossen haben. Im Buch Josua lesen wir von der List der Gibeoniter, die sich einen Bund mit Josua erheuchelten, der später auch gehalten werden musste.

- *Da nahmen die Obersten von ihrer Speise, aber befragten den Mund des Herrn nicht und Josua schloß einen Bund mit ihnen ...* (Josua 9, 14 ff).

Als die Obersten dann später herausfinden, dass sie hintergangen wurden, sagten sie:

- *Aber die Israeliten erschlugen sie nicht, weil ihnen die Obersten der Gemeinde geschworen hatten bei dem Herrn* (Josua 9,18).

Nun mag der eine oder andere sagen, dass er die Ehe geschlossen hat, als er Gott noch nicht kannte und dass dadurch dieser Bund ungültig ist. Andere wiederum mögen einwenden, dass sie nicht kirchlich geheiratet haben. Doch die nächste Bibelstelle verdeutlicht, dass Gott möchte, dass wir zu allem stehen, was wir sagen. Ein Versprechen wird bei Gott sehr ernst genommen.

- *Doch wird für beides gerechte Strafe über sie kommen: dafür, daß sie nicht recht von Gott denken, weil sie sich zu den Götzen halten, und dafür, daß sie unrecht und falsch schwören und Frömmigkeit verachten* (Weisheit 14,30 [Apokryphen]).
- *Eure Rede aber sei: Ja, Ja, nein, nein (Matthäus 5. 37).*

Gott hat keine Ehescheidungen vorgesehen

Gott hat von Anfang an geplant, dass eine Ehe eine lebenslange Verbindung darstellen soll. Scheidung war nicht vorgesehen.

- *Da traten Pharisäer zu ihm und versuchten ihn und sprachen: Ist's erlaubt, daß sich ein Mann aus irgendeinem Grund von seiner Frau scheidet? Er aber antwortete und sprach: Habt ihr nicht gelesen: Der im Anfang den Menschen geschaffen hat, schuf sie als Mann und Frau und sprach (1. Mose 2,24): „Darum wird ein Mann Vater und Mutter verlassen und an seiner Frau hängen, und die zwei werden ein Fleisch sein"? So sind sie nun nicht mehr zwei, sondern ein Fleisch. Was nun Gott zusammengefügt hat, das soll der Mensch nicht scheiden! Da fragten sie: Warum hat dann Mose geboten, ihr einen Scheidebrief zu geben und sich von ihr zu scheiden? Er sprach zu ihnen: Mose hat euch erlaubt, euch zu scheiden von euren Frauen, eures Herzens Härte wegen; von Anfang an aber ist's nicht so gewesen. Lest ihr denn die Heiligen Schriften nicht? Da heißt es doch, daß Gott am Anfang Mann und Frau schuf und sagte: Ein Mann wird seine Eltern verlassen, um sich für immer mit seiner Frau zu verbinden. Beide werden ganz und gar eins sein. Sie werden also eins sein und nicht länger zwei voneinander getrennte Menschen* (Matthäus 19,3–8).

Die Ehe ist ein Bild für das Verhältnis von Gott zu den Menschen

Die sichtbare Welt ist für uns oft ein Spiegel für die unsichtbare Welt. Wir finden viele Beispiele dafür in der Bibel. Durch das Gleichnis vom Sämann (Matthäus 13,1–23) verstehen wir, was Jesus damit meint, dass das Wort Gottes ausgesät wird. Und so ist auch die Ehe ein Bild für die Beziehung zwischen Mensch und Gott. Die Gemeinde wird hier mit der reinen, unbefleckten Braut verglichen und Jesus Christus als der Bräutigam.

- *... denn ich habe euch verlobt mit einem einzigen Mann, damit ich Christus eine reine Jungfrau zuführte. Ich fürchte aber, daß wie die Schlange Eva verführte mit ihrer List, so auch eure Gedanken abgewendet werden von der Einfalt und Lauterkeit gegenüber Christus* (2. Korinther 11,2–3).

Gott sehnt sich nach Reinheit, nach Keuschheit, nach Klarheit in den Beziehungen sowohl zwischen ihm und uns als auch zwischen den Menschen.

Gott gibt geistliche Gesetze

Folgende Bibelstellen stellen uns unsere große Verantwortung in diesem Bereich vor Augen:

- *Irret euch nicht! Gott läßt sich nicht spotten. Denn was der Mensch sät, das wird er ernten* (Galater 6,7).
- *Der Mensch sät Wind und er erntet Sturm* (Hosea 8,7).

Wenn ich Treue säe, werde ich Treue ernten. Wer Untreue sät, wird Untreue ernten. Die Frage ist also: Wo säe ich Treue – in zwischenmenschlichen Beziehungen, bei Versprechen, auf der Arbeit?

Diese Bibelstelle dient nicht dazu, mit dem Finger auf andere zu zeigen und eine schnelle Erklärung parat zu haben nach dem Motto: „Jeder ist selber schuld, wenn er betrogen wird.“ Aber ich habe in meinem Leben die Erfahrung gemacht, dass ich eine große Verantwortung für das habe, was mit mir passiert. Deshalb möchte ich auch alles dafür tun, dass ich guten Samen verteile. Prüfen Sie sich. Es gibt jeden Tag viele Möglichkeiten, Treue zu üben.

Gott hilft uns

Gott fordert uns immer wieder auf, seinen Geboten gegenüber gehorsam zu sein. Aber er lässt uns nicht mit diesen Geboten alleine. Im Galaterbrief lesen wir, dass eine Frucht des Geistes die Treue ist. Daraus folgt, dass es uns leichter fällt, treu zu sein, je mehr Gottes Geist in uns wirken kann.

- *Die Frucht aber des Geistes ist Liebe, Freude, Friede, Geduld, Freundlichkeit, Güte, Treue, Sanftmut, Keuschheit* (Galater 5,22).
- *Du bist meine Hilfe* (Psalm 27,9).

Gott hilft, wenn wir ihn darum bitten und ihm die eigene Unfähigkeit bekennen. Doch nicht nur in der Bibel gibt er uns Wegweisung und Rat, auch durch unser Gebet und durch das Gespräch mit anderen Menschen erfahren wir seine Hilfe.

Wenn man Menschen fragt, die über Jahre hinweg ihren kranken oder alten Partner gepflegt haben, ohne dabei zu verzweifeln, erzählen sie oft von einer geheimen Kraftquelle, dem Glauben. Jesus Christus kann jedem von uns Liebe, Kraft und Mut geben, das Unmögliche zu versuchen und zu meistern. Wenden Sie sich im Gebet an ihn und sagen Sie: „Jesus, hilf mir.“ Manch einer betet auch: „Jesus, wenn es dich wirklich gibt, dann hilf mir.“

Haben Sie bereits erfahren, dass Gott antwortet, wenn Sie zu ihm beten? Oder denken Sie, dass es zwar einen Gott gibt, aber dass er sich nicht um seine Geschöpfe kümmert. In der Bibel lesen wir in Psalm 50,15: „Rufe mich an in der Not.“ Probieren Sie es doch einmal aus. Bitten Sie Gott um konkrete Hilfe.

Bereiten Sie zum Beispiel das nächste Gespräch mit Ihrem Partner im Gebet vor. Sie können dann zum Beispiel Folgendes sagen: „Jesus, ich bitte dich um die richtigen Worte bei dem Gespräch. Hilf mir, ruhig zu bleiben und nimm mir meine Angst. Bitte schenke mir neue Liebe für meinen Ehepartner." Und dann halten Sie daran fest, dass es wirklich geschehen wird. Je mehr Erfahrungen Sie machen, dass Gott Ihnen hilft, desto mutiger werden Sie in Ihren Gebeten werden und desto selbstverständlicher wird es für Sie sein, mit Gott zu reden. Außerdem können Sie, wenn Sie für einen Menschen beten, ihn nicht hassen, das schließt sich irgendwie aus, wenn das Gebet ernst gemeint ist. Was für eine Erleichterung kann das für Ihr gemeinsames Leben bedeuten!

Sie werden erfahren, dass Gott Ihnen während des Gebetes Gedanken gibt, die wie eine Wegweisung sind. Er kann Ihnen gute Ideen schenken, die Sie weiterbringen werden, Sie aber auch auf Fehlverhalten hinweisen. Wenn Ihnen während eines Gebetes Schuld bewusst werden sollte und Sie diese vor Gott bekennen, so werden Sie Veränderung erleben. Sie können dann Ihrem Partner neu begegnen und es wird Ihnen letztlich sogar leichter fallen, Ihren Partner um Vergebung zu bitten.

Versuchen Sie nicht, alle Probleme alleine zu tragen. Gott möchte Ihnen helfen.

Sollte es Ihnen schwer fallen, zu beten, dann suchen Sie sich doch einen Gebetspartner. Denn zu zweit zu beten ist immer leichter als alleine. Treffen Sie sich regelmäßig einmal im Monat oder sogar einmal pro Woche für ein bis zwei Stunden, um für Ihre beiden Partner und Ihre Ehen zu beten. Ich bin mir sicher, Sie werden Gott und seine Hilfe kennen lernen.

Wenn Sie Gott noch nicht persönlich kennen gelernt und noch nicht erfahren haben, dass sein Sohn, Jesus Christus, all Ihr Versagen und alle Schuld von Ihren Schultern nehmen kann, dann können Sie folgendes Gebet sprechen: „Jesus Christus, ich möchte erfahren, dass du Gottes Sohn bist und heute noch lebst. Ich bitte dich, nimm meine Schuld von mir und hilf mir, deine Gebote zu halten." Und wenn Ihnen daraufhin konkrete Schuld in Ihrem Leben einfällt, sagen Sie sie ihm. Lesen Sie außerdem jeden Tag einen Abschnitt in der Bibel und suchen Sie andere Christen, mit denen Sie gemeinsam beten können. Auf diese Weise werden Sie Gott und seinen befreienden Plan für Ihr Leben kennen lernen.

Kurz & knapp

- ✔ Gott ist in Bezug auf Treue unser Vorbild.
- ✔ Gott nimmt Versprechen sehr ernst. Wir sollten es auch tun.
- ✔ Gott will keinen Ehebruch.
- ✔ Wir können Gott bitten, uns dabei zu helfen, treu zu sein.

Das Haus der Treue

Damit Sie die einzelnen Teile dieses Buches besser behalten und dadurch auch in Ihren Alltag integrieren können, habe ich mir folgendes Bild überlegt: Ein Haus der Treue für Ihre Ehe.

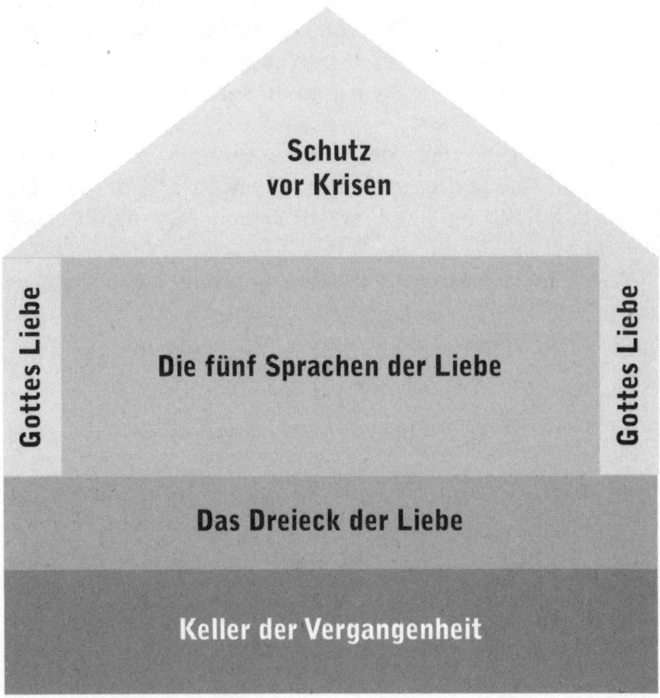

Wenn der Herr nicht das Haus baut, so arbeiten umsonst die daran bauen (Psalm 127,1).

Verwenden Sie als Sockel das Dreieck der Liebe mit der selbstlosen und der freundschaftlichen Liebe, der Verliebtheit und der sexuellen Liebe.

Unter diesem Sockel befindet sich der Keller, es ist der Keller der Vergangenheit. Dieser sollte immer gut aufgeräumt sein. Achten Sie also darauf, dass Sie regelmäßig Ihre Verletzungen, Schuldzuweisungen und Bitterkeit als Sperrmüll an Gott abgeben.

Die Wände und die Innenausstattung übernehmen die verschiedenen Sprachen der Liebe, damit es schön gemütlich wird.

Das Dach Ihres Hauses schützt Sie vor den verschiedenen Krisen und macht sie Ihnen bewusst. Denn wenn Sie über mögliche Krisen Bescheid wissen und sie rechtzeitig erkennen, können Sie vorbeugen und es wird nicht in Ihr Haus hineinregnen.

Der Mörtel, der das ganze Haus zusammenhält, ist Gottes Liebe und Gnade, frei nach dem Bibelwort: „Wenn der Herr nicht das Haus baut, so arbeiten umsonst die daran bauen (Psalm 127,1).

Abschließend wünsche ich Ihnen nun ein gutes Gelingen beim Bau Ihres Hauses der Treue, damit Sie und Ihr Partner gegen Entfremdung und Ehebruch geschützt sind.

Weiterführende Literatur

- Gary Chapman, Die fünf Sprachen der Liebe, Francke Verlag, 1994.
- Gary Chapman & Ross Campball, Die fünf Sprachen der Liebe für Kinder, Francke Verlag, 1997.
- Derek Prince, Der Ehebund, Jugend mit einer Mission Verlag, 1994.
- Barbara Sommerhoff, Fehl- und Frühgeburten, Rowohlt Verlag, 1993.
- Hannah Lothrop, Gute Hoffnung – jähes Ende, Kösel Verlag, 1999.
- Dr. J. Rötzer, Natürliche Empfängnisregelung, Herder, 2000.
- Cornelia Mack, Der große Ratgeber von Frau zu Frau, Hänssler Verlag, 1998.
- Günther Klempnauer ‚Mein Gott warum?', Brockhaus Verlag, 1998.